Ellen Katja Jaeckel

Der Sandalenpoet tanzt niemals in der Metro

Athener Weisheiten

Ellen Katja Jaeckel

Der Sandalenpoet tanzt niemals in der Metro
Athener Weisheiten

Picus Lesereisen

Picus Verlag Wien

Meiner Athener Familie zugeeignet

Grafische Gestaltung: Dorothea Löcker, Wien
Umschlagabbildung: © J. D. Dallet / www.buenosdias.at
Druck und Verarbeitung: Remaprint, Wien
ISBN: 978-3-85452-953-8

Informationen über das aktuelle Programm
des Picus Verlags und Veranstaltungen unter
www.picus.at

Inhalt

Einleitung

Annäherung an eine alte junge Stadt

> *Diese Stadt ist ein Phänomen. Sie liegt noch immer in Geburtswehen, sie ist plump, wirr, tölpelhaft, unsicher; sie hat alle Kinderkrankheiten und einiges von der Melancholie und Schwermut der Jugend. Doch sie hat sich einen herrlichen Platz ausgesucht, um groß zu werden; im Sonnenlicht glitzert sie wie ein Diamant, und in der Dunkelheit funkelt sie von Millionen blinkender Lichter, die blitzartig angezündet und ausgelöscht zu werden scheinen. Es ist eine Stadt mit erstaunlichen atmosphärischen Effekten.*
>
> Henry Miller, Der Koloss von Maroussi

Im antiken Athen, einer Weltstadt, lebte schätzungsweise eine viertel Million Menschen. Sie wohnten nicht nur in der Stadt, sondern auch im attischen Umland. Der *demos* Athen umfasste eine Fläche von zweihundertfünfzehn Hektar und war dicht besiedelt: Demosthenes berichtet von zweihunderttausend Einwohnern. Themistokles lässt 479/478 vor Christus dicke Stadtmauern mit einem Umfang von sechs Kilometern errichten. Die alten Athener konnten bequem in zwanzig Minuten vom einen zum anderen Ende der Stadt gelangen. In einem relativ kurzen Zeitraum, in der Blüte der klassischen Epoche, wurden auf kleinem

Raum Ideen geboren, die bis heute weiterleben, Ideen von zeitlosem Wert: Denkgesetze, politische Modelle wie die Demokratie, Wissenschaften, Literatur und Kunst.

Zweieinhalb Jahrtausende später kommt fast jeder ausländische Tourist vor allem wegen dieser glorreichen Vergangenheit nach Athen. Wenn die Sonne im Saronischen Golf versinkt und den Heiligen Felsen der Akropolis in ein golden-oranges Licht taucht, ist der Rundblick vom Philopappos-Hügel auf die Propyläen, den Parthenon, das Herodes-Atticus-Odeon und über das Häusermeer hinweg bis zum Meer schlichtweg ergreifend. Begriffe wie stille Größe und edle Einfalt fallen einem dann ein, längst vergessenes Schulwissen kommt wieder zum Vorschein. Noch in den dunklen Jahrhunderten des Mittelalters wurde Athen die Mutter der Weisheit genannt. Doch es war nur mehr die Erinnerung an längst vergangene Größe. Denn im Mittelalter war Athen wenig mehr als ein unbedeutender kleiner Ort fernab vom kulturellen und politischen Zentrum, das in Byzanz lag, fernab auch der Handelsstraßen, die Konstantinopel mit dem Rest der Welt verbanden. Während der dreihundertfünzigjährigen Osmanenherrschaft war die Stadt zum unbedeutenden Provinznest degradiert.

Keine Renaissance, keine Aufklärung. Einflüsse von außen blieben auf die Fremdherrscher beschränkt. Jahrhundertelang war der Zugang ins Land unmöglich oder zumindest erschwert. Kein Wunder, dass die meisten es Goethe gleichtaten und das Land der Griechen nur mit der Seele suchten. Dieser idealistische Blick hat den Westeuropäer geprägt. Sein Wissen ist im Allgemeinen auf die Antike beschränkt. Das christlich-byzantinische Griechenland ist ihm fremd. So ist jeder moderne Tourist, sofern er überhaupt irgendwelche Vorstellungen hat, mit bestimmten Erwartungen behaftet, wenn er sich auf das Abenteuer Athen einlässt.

Heute leben fast fünf Millionen im Großraum Athen-Piräus. Diese gewaltige Agglomeration ist die Folge einer jahrzehntelangen desaströsen Zentralisierung und einer damit einhergehenden unaufhörlichen Landflucht, die immer noch andauert. Jeder zweite Einwohner Griechenlands wohnt in Attika. Ein Blick vom Lykabettos-Hügel bestätigt, was man bereits erahnt: Athen ist eine Betonwüste, ein Spielfeld für Bodenspekulanten, eine architektonische Belanglosigkeit. Die Stadt klettert an drei Bergzügen hinauf, die das athenische Becken im Westen, Norden und Osten einrahmen, und setzt sich nach und nach auf der anderen Seite des Hymettos fort. Nur auf der Südseite stemmt sich das Meer den Baggern entgegen und bildet eine natürliche Grenze.

Athinai, Athènes, Atene, Atenas, Athens sind Pluralformen. Im Deutschen aber steht der Name der Stadt im Singular. Welche Stadt ist überhaupt gemeint? Einst bestand Athen aus sogenannten Demen, lokalen Selbstverwaltungseinheiten, die die *polis* konstituierten. Doch jenseits dieser historischen Erklärung drängt sich eine andere Erkenntnis auf: In keiner anderen Stadt der Welt ist die Kluft zwischen Vergangenem und Heutigem so tief. Im Gegensatz zu Rom gibt es keine Kontinuität, sondern immer nur Neubeginn, radikalen Abriss und ständigen Wechsel. Und so ist die zweitausendfünfhundert Jahre alte Kommune auch eine der jüngsten Hauptstädte der Welt: Gerade hundertfünfundsiebzig Jahre reichten ihr, um in vier Neuanfängen zu einer modernen, dynamischen Metropole heranzuwachsen.

Neubeginn Nummer eins: Bei der Gründung des modernen griechischen Staates war man sich höchst uneinig, welcher Ort ab 1834 Hauptstadt des Landes sein sollte: Für einige Monate übernahm Nauplia auf der Peloponnes diese Rolle. Aufgrund ihrer zentralen Lage und des Hafens mitten in der Ägäis stand sogar die Kykladeninsel Syros zur Debatte. Wegen seiner glorreichen Vergangenheit fiel die Wahl dann doch auf Athen, das kaum mehr als ein staubiges armes Dorf war. Die städtebaulichen Veränderungen unter dem ersten König, dem jungen Wittelsbacher Otto, der das antike Hellas heraufbeschwört, sind kaum vorstellbar. Gewissermaßen springt die Stadt vom Mittelalter ins 19. Jahrhundert. Am Ende der osmanischen Herrschaft hat die Stadt, die bei den Befreiungskämpfen von 1821 schwere Verluste erleidet, circa achttausend Einwohner. Otto, Sohn des philhellenischen Königs von Bayern, Ludwigs I., will Athen zu neuem Glanz in alter Form verhelfen. Sein umfangreiches Reformpaket umfasst Bebauungspläne, Gesetzgebung, Bildungseinrichtungen und Krankenhäuser. Noch vor Errichtung eines Parlaments immatrikulieren sich die ersten Studenten an der Universität, der ersten auf der Balkanhalbinsel. Der junge König plant eine Stadt für vierzigtausend Menschen. Die Zeitgenossen hielten ihn für größenwahnsinnig. Mehr als zwanzigtausend Menschen, so die kritischen Stimmen, würden sich hier wohl kaum ansiedeln. Zentrum des ottonischen Athen wurde die bis dahin unbebaute Gegend um den heutigen Syntagma-Platz, die Panepistimiou-Straße und der Vasilisis-Sofias-Boulevard. In unseren Tagen haben sich dort Politik, Wirtschaft und Bildung niedergelassen. Hier finden die großen politischen Kundgebungen des Landes statt. Es ist das Zentrum des modernen Griechenland. Die neoklassizistischen Stadtvillen, von denen viele bis vor Kurzem noch der Abrissbirne anheimfielen und die übrig gebliebenen erst allmählich restauriert werden, stammen aus dieser Zeit, aber auch die Universität, der Nationalgarten und die ersten Brauereien, die sich nicht nur bei der bayerischen Gefolgschaft, sondern auch bei den griechischen Untertanen reger Beliebtheit erfreuten.

Neubeginn Nummer zwei: Rund hundert Jahre später, 1922, erleiden die Griechen eine militärische Niederlage gegen die Türken. Kleinasien kommt endgültig zur Türkei. Für die Griechen bedeutet dies ein nationales Trauma, das bis heute nicht bewältigt ist, sie nennen es »die Katastrophe«. Die Regierungen beider Länder entschließen sich im Vertrag von Lausanne zu einem Bevölkerungsaustausch nach Religionszugehörigkeit: Es folgt ein Flüchtlingsstrom mit 1,8 Millionen orthodoxen Griechen aus dem Osmanischen Reich – das waren immerhin fünfundzwanzig Prozent der griechischen Bevölkerung. Athen ist völlig überfordert, denn ein Großteil der Flüchtlinge strömt in die Hauptstadt, die aus allen Nähten platzt und ihre Einwohnerzahl auf einen Schlag verdoppelt. Flüchtlingslager werden eilig errichtet, aus dem Provisorium wird ein Dauerzustand. Die Namen neuer Stadtteile wie Nea Smyrni (Neu-Izmir) und Nea Ionia (Neu-Ionien) erinnern an ihre ersten Bewohner, ehemalige Flüchtlingsbaracken stehen als Mahnmale unter Denkmalschutz. Hier hat das architektonische Chaos von Athen seinen Ursprung.

Neubeginn Nummer drei: Nach dem Zweiten Weltkrieg und dem Bürgerkrieg setzt eine bis heute andauernde Landflucht ein. Der Großraum Athen-Piräus war dafür nicht angelegt. »Woher kommst du?« »Aus Athen.« »Ja, aber woher kommst du eigentlich?« Dieser Dialog ist charakteristisch für die Stadt und dokumentiert einmal mehr, wie jung sie ist, wie unvermindert groß ihre Attraktivität für die Landbevölkerung ist und umgekehrt, dass die Griechen auch der zweiten Generation ihrer Heimat auf dem Land oder den Inseln verbunden bleiben. Dorthin kehren sie an hohen Feiertagen und im Hochsommer zurück, es ist ein wahrer Exodus. Viele Restaurants, Läden und Betriebe schließen ab Ende Juli für mehrere Wochen. In der Stadt haben die Athener sich, so gut es eben geht, im Stil ihrer Heimatdörfer eingerichtet: In den Tavernen rankt sich das Weinlaub, baumeln die Kürbisse, stimmen die Gäste spontan alte und neue Lieder des griechischen Repertoires, das jeder kennt, an. Unbeeindruckt von Fast-Food-Tempeln schieben die Händler ihre altmodischen Karren mit *koulouria*, Sesamkringeln, durch die stets belebten Straßen. In den Büros bestellt man lieber den Kaffee von der nächsten Bar, als dass man eine Kaffeemaschine kauft. Kein Ort ohne Kommunikation. Die Grenze zwischen Innen und Außen ist fließend. Ein Haus ohne Balkon ist unvorstellbar, und wo Parkanlagen fehlen, begrünt man liebevoll die eigene Terrasse, und sei sie noch so klein.

In jüngster Zeit hat Athen einen nachhaltigen Wandel erlebt, der die Stadt wie so häufig in ihrer Geschichte unvorbereitet traf. Die bis Anfang der neunziger Jahre noch weitgehend homogene Bevölkerung mutierte unfreiwillig und plötzlich, durch die starke Einwanderung zunächst vom Balkan und in jüngster Zeit von den Kriegsschauplätzen im Irak und in Afghanistan, zu einer multikulturellen Gesellschaft. Die Mitgliedschaft in der EU seit 1981 hat Griechenland von der wirtschaftlichen Misere erlöst. Wo sich noch in den sechziger Jahren ganze Dörfer und Stadtteile leerten und Familien nach Westeuropa und in die USA emigrierten, suchen heute Südostasiaten, Afrikaner und Albaner Arbeit und Brot. Das ist in Athen überall spürbar, jeder elfte Bürger ist eingewandert, hierher geflüchtet oder – so im Falle der Pontosgriechen aus dem Schwarzmeergebiet – repatriiert, wie es in der Sprache der griechischen Bürokratie heißt. Die Integration gestaltet sich schwierig, über Nacht ist Griechenland vom Auswanderer- zum Einwanderer- oder zumindest zum Transitland geworden.

Der gesellschaftliche Wandel dringt längst auch in die Familien ein. Die junge Athenerin ist heute ebenso selbstbewusst und im Durchschnitt besser ausgebildet als die Berlinerin und steht in Sachen Eleganz der Mailänderin in nichts nach. Sie arbeitet nicht nur, weil das hohe Preisniveau ein doppeltes Gehalt erzwingt, sondern vor allem auch, um eine eigene Karriere zu machen – mit der Folge, dass sich die Großfamilie auflöst und (meist ausländische) Kindermädchen an die Stelle der Großmütter und Mütter treten. So prägen auch viele philippinische und ukrainische Kindermädchen das Stadtbild.

Neubeginn Nummer vier: Athen rüstete sich für die achtundzwanzigsten Olympischen Spiele der Neuzeit. Seit König Ottos Zeiten gab es keine so starken städtebaulichen Veränderungen wie für das Jahr 2004. Seit dem Zuschlag für die Ausrichtung der Olympischen Spiele erlebte Athen einen nie gekannten wohlgeplanten Bauboom. Im Wahlkampf hatte die damalige Oberbürgermeisterin Dora Bakoyanni die Verschönerung der Stadt versprochen, und Tausende haben ihr jubelnd Beifall gezollt. Ein neues Lebensgefühl ergriff die früher gegenüber ihrer Stadt so gleichgültigen Athener. Das »Konsortium für das neue Bild der Stadt Athen« gewährte Hausbesitzern an ausgewählten Straßen und Plätzen einen Kostenzuschuss für den

Fassadenanstrich. Illegal angebrachte Werbeträger verschwanden. Es blüht und grünt wieder mehr am Straßenrand, an Marmor wurde nicht gespart. Für den neuen, mittlerweile mehrfach ausgezeichneten Flughafen im Osten der Stadt enteignete man Grundbesitz im großen Stil. Straßen wurden erneuert, Hotels renoviert, Museen neu konzipiert, Fabrikhallen in Kulturtempel verwandelt. Fußgängerzonen entstanden dort, wo vorher oft Hupkonzerte stattfanden, ein archäologischer Spaziergang verbindet – abgasfrei – die wichtigsten Ausgrabungsstätten, und die Metro ist eine der modernsten der Welt. Die Spiele wurden trotz aller Unkenrufe aus dem Ausland ein Erfolg und polierten das Image der Stadt nachhaltig auf. Fünf Jahre später aber ist ein gutes Stück des Enthusiasmus verflogen, eiligst Restauriertes bröckelt wieder, die Griechen haben den Fußball-Europameistertitel abgeben müssen, ein wenig Resignation macht sich breit. *Ti na kanoume,* was sollen wir schon machen, meint der Athener, wartet ab und trinkt Kaffee, bis der nächste Neuanfang kommt.

Dimitras Mama

Ein Blick auf das Erziehungswesen

Kurz gesagt, die gesamte Stadt ist Bildungsstätte für Griechenland.
PERIKLES, zitiert nach Thukydides

In der Betreffzeile der E-Mail stehen drei Buchstaben: SOS! Der Inhalt lautet wie folgt: »Sehr geehrte Damen. Bitte helfen Sie einer verzweifelten Mutter. Es geht um meine Tochter. Wir hatten wirklich ein großes Missgeschick in diesem Jahr.« Spätestens wenn das Stichwort »Missgeschick« fällt, ist der Groschen gefallen. Hier wird nicht um Geld gebettelt. Die Tochter benötigt weder eine Blut- noch eine Organspende, um die häufig ebenfalls per E-Mail gebeten wird. Es geht um einen verpassten Studienplatz und damit um das Glück und die Zukunft der gesamten Familie. Weiter heißt es: »Wir hatten so sehr gehofft, dass Dimitra einen Studienplatz in Medizin bekäme. Aber dann hat sie in den *panellinies* nur eine 18,9 erzielt (das entspricht einer 1,4 auf der deutschen Notenskala im Abitur). Jetzt ist sie in Alexandroupolis in Molekularer Biologie eingeschrieben. Aber unser Wunsch ist einzig und allein, dass unsere Tochter Ärztin wird. Helfen Sie mir. Glauben Sie mir, Dimitra ist außergewöhnlich talentiert. Bitte. Wie kann sie in Deutschland ihr Studienziel erreichen?«

Wir, die angesprochenen Damen, haben Dimitra nie gesehen. Umso besser kennen wir ihre Mama. Klammheimlich hat sie sich jedes Mal von ihrem Arbeitsplatz davongeschlichen, um innerhalb eines halben Jahres ein dutzend Mal das Büro des Deutschen Akademischen Austausch Dienstes (DAAD), das seit 2004 im Athener Goethe-Institut griechische Schüler, Studierende, Graduierte und Wissenschaftler über Studien- und Forschungsmöglichkeiten an deutschen Hochschulen berät, zu besuchen. Dimitras Mama kann kein Wort Deutsch und hatte noch nie etwas von einer Onlinebewerbung gehört, aber sie hat sich geduldig jeden Schritt der Bewerbung via Internet bei der Zentralstelle zur Vergabe von Studienplätzen (ZVS) erklären lassen. Gemeinsam mit ihr haben wir Formulare ausgefüllt. Dimitras Mama hat beim griechischen Außenministerium die Übersetzung des Abiturzeugnisses besorgt, dieses beglaubigen lassen und dafür viel Geld bezahlt. Weil sie der griechischen Post nicht traut, hat sie einen privaten Kurierdienst mit dem Versand der Bewerbungsunterlagen beauftragt. Das hat auch viel Geld gekostet. Sie hat die Tochter für die erforderliche Sprachprüfung angemeldet, den Nachhilfeunterricht organisiert und bezahlt. Dreimal ist Dimitra durch die Sprachprüfung gefallen, jedes Mal in einem anderen Teil, mal beim Hörverstehen, mal beim Leseverstehen, mal beim Mündlichen Ausdruck. Dimitra war nervös und die ganze Familie litt mit ihr. Der privat engagierte Sprachlehrer verdiente sich eine goldene Nase an Dimitra. Beim vierten

Mal hielt sie schließlich den begehrten Sprachnachweis in Händen. Und nach einem Jahr war Dimitra am Ziel ihrer Träume angekommen und wurde für ein Studium der Humanmedizin an der Universität Bochum zugelassen. Bei welcher Stadt Bochum denn liege, fragte Dimitras Mama, die zur Einschreibung ein Doppelzimmer in einem zentral gelegenen Hotel für die Dauer von zwei Wochen buchte. Zwei Wochen, in denen sie Dimitra zum Immatrikulationsbüro, zur Meldebehörde und zur Bank begleitete und unzählige Appartements besichtigte. Auf dem Markt von Bochum und vor den Regalen des Supermarktes schüttelte Dimitras Mama den Kopf. Seither versorgt sie ihre Tochter mindestens einmal im Monat mit Carepaketen aus der Heimat. Darin finden sich Käse, Gebäck, dicke Winterstrümpfe, griechischer Nescafé für den *frappé* und *tsoureki*, ein selbst gebackener Hefezopf. Zum ersten Mal in ihrem Leben muss Dimitra selbst kochen, bügeln und putzen. Gelernt hat sie das nicht, weil sie zu Hause von sämtlichen anfallenden Hausarbeiten befreit war. Sie musste schließlich für die *panellinies* büffeln. Dimitra ist fleißig und hat bislang gute Studienleistungen vorzuweisen. Sie wird aller Voraussicht nach das Studium in der Regelstudienzeit abschließen und anschließend an einem deutschen Krankenhaus eine Facharztausbildung absolvieren. Im besten Fall kommt sie in dreizehn Jahren in ihre Heimat zurück und wird dann die Praxis ihres Vaters übernehmen. Diese Karriere stand bereits fest, als Dimitra eingeschult wurde. Dimitras Mama werden wir, das hat sie bereits angekündigt, in zwei und vier Jahren wiedersehen, wenn die beiden anderen Töchter das griechische Abitur ablegen. Zumindest eine davon soll dann Mikrobiologin werden, um später mit Dimitra zusammenzuarbeiten.

So wie Dimitras Mama bangt jedes Jahr die ganze Nation um den studentischen Nachwuchs. Die allgemeine Panik setzt im November des letzten Schuljahres ein und steigert sich, je näher der Termin der *panellinies* Ende Mai rückt. Auf das Abschneiden in den *panellinies*, den zentralen griechischen Hochschuleingangsprüfungen, die im Anschluss an das Abitur abgelegt werden und unabdingbare Voraussetzung für die Aufnahme eines Studiums sind, ist das gesamte Bildungssystem ausgerichtet. Die Themen der *panellinies* beherrschen wochenlang die Medien. Schließlich hat jeder jemanden im Familien- oder Bekanntenkreis, der im Frühsommer schwitzend die *panellinies* ablegt. In den Zeitungen werden seitenweise mathematische Formeln, lateinische Texte und der berühmt-berüchtigte Aufsatz im Neugriechischen abgedruckt. Die Nation fiebert mit. Höhepunkt des monatelangen Zitterns ist Ende Juni für die einen der Erlösungsmoment, in dem die Fernsehteams die besten Absolventen im heimischen Wohnzimmer ins Scheinwerferlicht rücken. Oma, Opa, Mama, Papa und die kleinen Geschwister drängeln sich dann auf dem Sofa und kosten jeden Moment des Stolzes aus. Alle Augen der Nation sind auf die gerade mal Siebzehnjährigen gerichtet, die

die höchste Punktezahl in den *panellinies* erzielt haben, sie werden gefeiert wie Nobelpreisträger, und natürlich ist dieser Beitrag der erste, der in den 21-Uhr-Nachrichten gesendet wird. Eine halbe Stunde wird ausführlich über die *panellinies* berichtet. Wen interessieren dann noch die Meldungen aus dem Irakkrieg? Die Selbstmordanschläge in Islamabad kommen ganz zum Schluss und werden in anderthalb Minuten abgehandelt. Vor der laufenden Kamera küsst eine Mama die Ikone, auch sie wird ihren Teil zum guten Abschneiden ihres Sohnes beigetragen haben. Für die anderen gleicht die Veröffentlichung der Ergebnisse am Eingangstor zum Schulhof – und damit für jedermann sichtbar – einem Totengesang auf dem Dorf. Da fließen unter großer Anteilnahme der Passanten auf offener Straße die Tränen der betroffenen Mütter, wird das Leid, vom Kind Abschied nehmen zu müssen, weil es aller Wahrscheinlichkeit nach in der Provinz einen Studienplatz erhält, herausgeschrien. Panische Mütter bekreuzigen sich und stellen Prognosen über die Zukunft ihrer Sprösslinge an, auch wenn Ende Juni lediglich die Prüfungsergebnisse bekannt gegeben werden und die Vergabe der Studienplätze noch nicht erfolgt. Bei keiner der großen Zeitungen des Landes steht das Telefon mehr still. Es könnte ja sein, dass die Medien einen schnelleren Draht zum Erziehungsministerium haben, das über die Zahl der neu zu vergebenden Studienplätze und die erforderliche Basispunktezahl, die *vasi*, jährlich neu bestimmt. Wie Apostolos Lakasas, Journalist für Bildungsfragen bei einer der seriösesten griechischen Tageszeitungen, der *Kathimerini*, feststellt, sind die Anrufer in den allerseltensten Fällen die betroffenen Abiturienten selbst (die sich verständlicherweise in den griechischen Sommer verabschiedet haben), sondern fast immer die Mütter. Mütter, die sich die Angelegenheit sehr zu Herzen nehmen und sich so anhören, als hätten sie selbst monatelang gebüffelt und die lebensentscheidenden Prüfungen abgelegt, weshalb sie bereits in der ersten Person plural sprechen: »Wir haben achtzehntausendsiebenhundert Punkte erreicht, werden wir auch einen Platz für Jura in Athen bekommen?« Ende August erfolgt die Bekanntgabe der *vasi*, die Stimmung im Lande variiert erneut von himmelhochjauchzend bis zu Tode betrübt. Jetzt steht auch das Telefon im DAAD-Büro nicht mehr still. Wer keinen Platz im Inland erhalten hat, versucht, das ihm doch zustehende Glück eines Studienplatzes im Ausland zu ergattern. Aber die Fristen für die Bewerbung an den deutschen Hochschulen sind zu diesem Zeitpunkt abgelaufen, die Enttäuschung ist groß. Dimitras Mutter war da schlauer und hat auf beide Karten gesetzt, auf die griechische und auf die deutsche, und dies rechtzeitig.

Das Medienspektakel um die happy few ist zugleich eine effiziente Marketingstrategie für die Schule und das *frontistirion*, die Nachhilfeschule, die die besten Absolventen besucht haben. Besonders Privatschulen verzeichnen in Athen regen Zulauf, und ein Entscheidungskriterium für den Besuch solcher Schulen ist immer auch die Erfolgsquote der Schüler bei den *panellinies*. Viele Familien strömen vom Land in die Stadt, um den Kindern vermeintlich bessere Ausbildungschancen zu ermöglichen. Dabei werden auch lange Fahrtzeiten im chaotischen Verkehr von Athen in Kauf genommen. Die Hochschulreife ist fachgebunden. In den letzten beiden Schuljahren wählt der Schüler eine Schwerpunktrichtung (naturwissenschaftlich, geisteswissenschaftlich, technisch), in der er die *panellinies* ablegt. Der neugriechische Aufsatz ist für alle verpflichtend. Ohne Nachhilfeunterricht in den *frontistiria*, den privaten Nachhilfeschulen, so die gängige Meinung und Praxis, ist ein gutes Abschneiden unmöglich. So hat denn auch Dimitra in den letzten zwei Jahren täglich vier Stunden ein *frontistirion* besucht und am Abend den Unterricht für die Schule am nächsten Tag vorbereitet. Zusammengerechnet hat sie in der Woche mehr Stunden gebüffelt, als ihr Vater arbeitet. Ein Glück, dass ihre staatliche Schule vom Lehrpersonal regelmäßig bestreikt oder von den Schülern selbst besetzt wurde, so konnte Dimitra ab und zu ausschlafen.

Der psychische Druck, der auf ihrer Generation lastet, ist gewaltig, die Erwartungshaltung der Familie und Gesellschaft hoch. Das ganze Land ist mit solchen privat betriebenen, aber durchaus staatlicher Kontrolle unterlegenen Bildungseinrichtungen überschwemmt. Wer es sich leisten kann, engagiert Privatlehrer für die Nachhilfe zu Hause. Fremdsprachen lernt man nicht in der Schule, schon gar nicht während eines Ferienkurses (die Sommerferien sind sakrosankt), sondern im *frontistirion*. Die *frontistiria* bereiten auf die international anerkannten Sprachprüfungen vor, das Cambridge Proficiency, den TOEFL oder das Kleine Deutsche Sprachdiplom, genannt *to kleines*, »das Kleine«. In Athen gibt es an jeder Ecke solche Paukschulen, die Platia Kaningos ist berühmt dafür. Hier hat schon so mancher Spitzenpolitiker die (Pauk-)Schulbank gedrückt. Alles, was man in der Schule oder zu Hause nicht gelernt hat, wird dort eingehämmert. Nicht für die Bildung, sondern für die Prüfung, um den vom Erziehungsministerium vorgeschriebenen Stoff anschließend wieder sehr schnell zu vergessen. Das erklärt vielleicht das miserable Abschneiden griechischer Schüler in der PISA-Studie, die erstaunlicherweise von der ansonsten so debattierfreudigen griechischen Gesellschaft völlig ignoriert wurde. Lernen ist zweckbestimmt, und deswegen gibt es *frontistiria* für alle Bereiche der höheren Bildung. Sie bereiten Schüler auf die *panellinies*, Akademiker auf die Zulassung zur Verwaltungshochschule und angehende Lehrer auf die Staatsprüfung vor. Stattliche 1,5 Milliarden Euro geben die Griechen jedes Jahr für die Ausbildung ihrer Kinder aus, das ist ein Spitzenwert in Europa.

Alle Studiengänge an den dreiundzwanzig griechischen Universitäten und sechzehn Fachhochschulen unterliegen einem strengen Numerus clausus. Trotz zahlreicher Hochschulneugründungen vor allem in der Provinz übersteigt die Nachfrage weiterhin das Studienangebot: Während noch vor fünfzehn Jahren nur ein Drittel der Studienwilligen einen Studienplatz in der Heimat erhielt, sind es jetzt zwei Drittel. Aber wie in Dimitras Fall erhält der Kandidat nicht immer eine Zulassung für das gewünschte Fach, wobei die Wahl des Studienfaches selten von der persönlichen Neigung, sondern vor allem vom Abschneiden in den *panellinies* bestimmt wird. In der Athener Germanistik beschäftigt sich mit Morphologie, wer eigentlich Politische Wissenschaften studieren wollte, mit dem Ergebnis, dass viele Studierende nur Karteileichen sind. So mancher geht früher oder später ins Ausland, dreizehn Prozent eines Jahrgangs, in Zahlen: Rund sechzigtausend Griechen und Griechinnen verlassen jedes Jahr ihre Heimat, um im Ausland zu studieren, das ist im Verhältnis zur Bevölkerung Weltrekord. Weitere zwanzigtausend sind an den Zweigstellen britischer und amerikanischer privater Hochschulen in Griechenland eingeschrieben, deren Abschlüsse bislang in Griechenland nicht anerkannt sind, weil die Verfassung von 1975 eine Hochschulausbildung nur an staatlichen Universitäten vorsieht. Für diese Studiengänge bringen griechische Haushalte nach Schätzungen jährlich hundertzwanzig Millionen Euro aus der Privatschatulle auf.

Lohnt sich der finanzielle Aufwand und die psychische Belastung, die so manchem Kind die Kindheit raubt? Das wird wohl jeder nur mit sich selbst ausmachen können. Für Dimitra hat sich der Aufwand in jedem Fall bezahlt gemacht. Ihr Auskommen ist gesichert. Ach ja, im zweiten Jahr hat sie Jürgen kennengelernt, auch ein Mediziner. Den »Jorgos«, ein wirklich guter Junge!, holen wir auch her, lacht Dimitras Mama, der könne sogar kochen. Beim letzten Besuch habe sie ihn in die Kunst der *Moussaka*-Zubereitung eingeführt. Seitdem bekomme ihre Tochter auch in Bochum etwas Gescheites zu essen.

Die Kunst des Sandalenmeisters

Ein Besuch bei Pantelis Melissinos

> *Ich wünschte, ich wäre ein Schuhmacher im alten Athen, dann könnte Sokrates hereinspazieren und in meinem Haus neben Perikles sitzen und mit ihm schwatzen.*
>
> PLUTARCH, circa 80 nach Christus

Die Römer verewigten sie auf den Fresken der Vesuvstädte. Ob ihr Ursprung bei den Höhlenmenschen, die ihre Füße mit Laub umwickelten, in Ägypten, Japan, Schwarzafrika, Indien oder Südamerika liegt: Das Wort »Sandale« ist griechisch, und das reicht den meisten Griechen als untrüglicher Beweis ihrer Herkunft aus. Das Tragen von Sandalen ist immer schon Ausdruck eines bestimmten Zeitgeistes gewesen: So wurde Ende des 19. Jahrhunderts die Kneipp-Sandale aus Bad Wörishofen zum Symbol für den Kurgast. Die Hippie-Generation und wenige Jahre später die AKW-Gegner trugen »Jesuslatschen« (die in der DDR auch »Römersandalen« genannt wurden), und seit Beginn unseres Jahrhunderts hat sich global die bequeme, billige Kunststoffvariante in Form von Flip-Flops durchgesetzt.

Kein Schuhwerk ist für den griechischen Sommer besser geeignet als die luftige Ledersandale. Und keine ist berühmter als die von Pantelis Melissinos, der in dritter Generation Sandalen schustert. Maria Callas und Jackie Kennedy, in zweiter Ehe eine Onassis, haben beide Aristoteles Onassis geliebt – und die Sandalen der Athener Familie Melissinos.

Unter den siebenundzwanzig Sandalenmodellen zur Auswahl, die auch im Internet bestellt werden können, sind drei nach berühmten weiblichen Schönheiten benannt: »Kleopatra« umschließt den Fuß mit vielen Riemchen und war der Renner des Jahres 2008, »Jackie O« zeigt im Gegensatz dazu viel nackte Haut und »Sophia Loren« reizt mit langen, bis zum Knie gebundenen Lederbändchen. Daneben gibt es die Klassiker »Dorisch«, »Ionisch«, »Minoisch« und »Aeolisch« und die männlicheren Varianten »Jeremy Irons«, »Cäsar« »Simon« und »Prince«. Der Namensgeber Simon soll übrigens mit Sokrates befreundet gewesen sein und gründete vor zweitausendfünfhundert Jahren eine Schuhmacherei angeblich an jener Stelle in der heutigen Plaka, nämlich in der Pandrossou 89, in der Großvater Giorgos Melissinos 1920 seine eigene Werkstatt begründete. Zu Giorgos' Kunden gehörte das griechische Königspaar, das seine Reitstiefel bei Melissinos fertigen ließ. Vierunddreißig Jahre lang fertigte Giorgos Melissinos Schuhe und Stiefel. Nach seinem Tod übernahm sein Sohn Stavros die Werkstatt. Stavros schnitt, leimte, nagelte – und dichtete, gebeugt über seine Sandalen. Als dichtender Sandalenmeister wurde er weltbekannt. Er hat Bertolt Brecht übersetzt, sich mit Konstantin Kavafis' Dichtung beschäftigt, Theaterstücke geschrieben, Sinnsprüche ersonnen, und vor allem selbst

Lyrikbände veröffentlicht, von denen das von der persischen Dichtung beeinflusste Rubaiyat sogar in mehrere Sprache übersetzt wurde. Eines Tages, das war vor fünfzig Jahren, tauchte eine englische Choreografin auf, die Sandalen im Stil der alten Griechen suchte. Sie beauftragte Stavros, ein »spartanisches Modell« zu kreieren. Eine Geschäftsidee war geboren.

Heute betreibt der Enkel des Gründers, Pantelis Melissinos, das Geschäft. Er betont, dass grundsätzlich alle Modelle Unisex-Modelle seien. Alle Sandalen sind aus hochwertigem kretischen Kalbsleder hergestellt – die letzten Athener Gerber haben längst das Geschäft aufgegeben. Die echte Melissinos-Sandale dunkelt nach (eingerieben mit ein wenig Olivenöl kann man diesen Prozess beschleunigen) und passt sich der Fußform an. Regelmäßig mit Babyöl eingefettet, hält sie fünf Sommer lang, solange sie nicht die Hundetöle des Nachbarn ins Maul kriegt, versichert Pantelis Melissinos lachend. Der fünfzigjährige Handwerker steht seinem dichtenden Vater in nichts nach: Er hat einen Master-Abschluss einer New Yorker Kunsthochschule und kann stolz auf zahlreiche Ausstellungen als Bildhauer und Maler zurückblicken. Daneben verfasst er Theaterstücke, wenngleich er zu Unrecht im Schatten des literarischen Ruhms seines dichtenden und schusternden Vaters steht. Schuster, bleib bei deinem Leisten, mag er sich wohl gedacht haben, und kehrte Ende der Achtziger nach zehn Jahren in New York in die Heimat nach Athen zurück. Zu viel Gewalt, zu viel Rassismus, zu viel Egoismus habe er dort erlebt. 2004 hat er das Geschäft von seinem achtzigjährigen Vater übernommen. Eine weise Entscheidung, denn das Sandalengeschäft blüht und läuft so gut wie noch nie. Die Berühmtheiten, die auf Melissinos-Sandalen schworen, dienen seit Jahrzehnten als günstiges Marketing, es sind immer noch dieselben: John Lennon, Barbra Streisand, Peter O'Toole, in jüngerer Zeit Kate Moss. Auch Sofia, Königin von Spanien und von Geburt Griechin, stattete dem Geschäft vor ein paar Jahren einen Besuch ab und erwarb für ihren Sohn, den Kronprinzen Felipe, ein Paar Sandalen der stattlichen Größe 47. Seither heißt das Modell »Prince«. Die Priesterinnen, die im heiligen Hain von Olympia alljährlich im März die olympische Fackel entzünden, tragen seit Jahrzehnten Melissinos-Sandalen.

In dem kleinen Laden in der Agias Theklas, unweit vom Monastiraki-Platz, in dem die Melissinos-Werkstatt seit vier Jahren liegt, lagern zwischen dreitausend und viertausend Sandalen, Größe 19 bis 50, das Paar kostet zwischen zwanzig und siebenundzwanzig Euro. Es riecht nach Klebstoff, Leder, Gummisohlen und Nikotin. Das Schaufenster ist voller Sandalen, Nippes, Lederriemen, Bilder, Skulpturen und Stuhlkreationen aus des Meisters Hand. Ein buntes Kreuz, zusammengesetzt aus vier Schuhkartons, gehört zu den Lieblingsstücken von Pantelis. Lange bevor das Wort Recycling in Mode kam, habe er in New York mit Freunden aus Müll und Sperrholz Kunstwerke gefertigt, trash art.

In der hinteren Ecke wird gehämmert, geschnitten, geklebt. Im vorderen Teil des Ladens sitzt der Meister höchstpersönlich im Schneidersitz auf dem kalten Terrazzo-Boden. Seine riesigen Füße stecken im Diogenes-Modell. Vor ihm steht Amy aus Washington D.C. und lässt sich »Olympia« anpassen. Sie ist überglücklich, wieder hier zu sein. Nach vierzig Jahren. Damals, 1968, kam sie als frisch graduierte Soziologin auf einer Tour nach Europa. Ihre Freundin musste die Reise abbrechen, so zog Amy alleine weiter, von London über Italien bis nach Kreta. In Athen stand sie eines Tages vor Stavros Melissinos' Sandalenwerkstatt und kaufte für wenige Drachmen das ionische Modell. Amys Fuß verschmolz mit Stavros' Sandale, ganze achtundzwanzig Jahre trug sie den Schuh. Dunkelbraun war sie angelaufen, erzählt sie begeistert, und sie glänzte. Zum Schluss war die Sandale wie eine Einlegesohle geworden, sie hatte die Form von Amys Fuß angenommen. Dann geschah ihrer Tochter, die dieselbe Schuhgröße hat und die Sandalen zu einem Strandausflug nach Virginia mitgenommen hatte, das Missgeschick: Sie vergaß die Sandalen am Strand, das war vor zwölf Jahren. Nein, auf die Idee, im Internet nach einem Ersatzpaar zu suchen, war sie nicht gekommen. Unendlich traurig sei sie über den Verlust gewesen. Bis sie eines Tages auf einen Artikel in der *New York Times* über den Meister Pantelis Melissinos stieß. Das gab den Anstoß zu ihrer zweiten Reise nach Griechenland. Heute erwirbt sie drei Paar, natürlich auch das ionische Modell. Bis zu ihrem Lebensende werden die Sandalen halten, versichert sie.

Pantelis Melissinos ist fleißig, sehr höflich und ein Perfektionist. Schon ab halb sieben Uhr früh kann man ihn in seiner Werkstatt antreffen, sieben Tage die Woche, das ganze Jahr über. Ferien kennt er nicht. Seine Sandalen laufen überall in der Welt, und die Kunden kommen immer wieder. So wie Amy. Sie erzählen von ihren Reisen. Die Touristen besuchen das ganze Jahr über den Laden, meist haben sie die Empfehlung aus ihrem Reiseführer oder einem Zeitungsartikel. Das Geschäft mit den Griechen, fast allesamt Stammkunden, beschränkt sich auf die Monate Mai bis September. Jede Sandale wird, so es der Kunde wünscht, an die Fußform angepasst, es wird nachgeschnitten, enger geschnürt oder ausgeweitet. Der Klebstoff kommt aus Deutschland, die Nägel sind aus Italien. Nach vier Stunden, wenn der Kleber getrocknet ist, können die Schuhe getragen werden. Manchmal ein Leben lang.

Doch die Zukunft ist ungewiss. Der Mietvertrag läuft schon bald wieder aus, Alternativen sind teuer. In der nahe gelegenen Fußgängerzone Ermou belaufen sie sich auf dreißigtausend Euro im Monat. Pantelis möchte sich, da ist er ganz der Vater, weiterhin dem Theater und der Poesie widmen. Doch dazu kommt er erst in den Abendstunden, hier in seiner Werkstatt. Er schreibt, um sich vom Handwerk zu entspannen. Die geistige Arbeit lenkt ihn ab und lässt ihn die Sorgen vergessen. Seine ganze Kraft verwendet er auf seine Kreationen. Oft konzentriert er sich bis um fünf Uhr in der Früh. Eine Stunde später leimt er wieder Sandalen.

Es leben die olympischen Götter!

Die Wiedergeburt des Heidentums

Schöne Welt, wo bist Du? – Kehre wieder
Holdes Blütenalter der Natur!
Ach nur in dem Feenland der Lieder
Lebt noch deine goldne Spur.

FRIEDRICH SCHILLER,
Die Götter Griechenlands

Als ich am 21. Dezember 2006 meine Tochter aus der deutsch-griechischen Spielgruppe im Zentrum von Athen abholte, wurde ich mit einem »Maaaaaaama, ich habe ein Geschenk von Apollo bekommen!« überschwänglich begrüßt. Ah, entgegnete ich, da habe Apollo wohl seinen dritten Geburtstag gefeiert. »Nei-ein«, hallte es mir von den Erzieherinnen entgegen. Einen Augenblick überlegte ich, an welchen Heiligen sich Apollo wohl anlehnen könnte, um seinen Namenstag zu begehen. Das wäre nicht ungewöhnlich. Schließlich verzeichnet der griechisch-orthodoxe Heiligenkalender die Heilige Kleopatra ebenso selbstverständlich wie den Heiligen Achill, warum sollte nicht auch der antike Gott des Lichts und der Künste einen christlichen Nachfolger haben? Doch auch dies wurde entschieden verneint. Ob es sich um ein Weihnachtsgeschenk für alle Freunde und Freundinnen des kleinen Apollo handele? Apollo, so wurde ich schließlich eines Besseren belehrt, feiere zwar Geburtstag, doch der sei bereits gewesen, auf gar keinen Fall Namenstag und schon gar nicht das Weihnachtsfest. Apollo feiere heute die Wintersonnenwende! Natürlich! Ich hätte früher darauf kommen können. Seine Eltern, eine Russin und ein Deutscher, hatten allen Kindern aus der Spielgruppe ein Kinderbuch geschenkt, das die Geschichte des antiken Gottes Apoll erzählt. Sie gehören einer wachsenden Gruppe von Anhängern der zwölf olympischen Götter an, eine Leidenschaft, die sie mit einer halben Million Menschen weltweit teilen. Ihre Wahlheimat ist Hellas. Apollos kleine blonde, blauäugige Schwester hat konsequenterweise den Namen Artemis erhalten.

Ein Monat später. Szenenwechsel vom Kindergarten zum Tempel des olympischen Zeus. Die fünfzehn noch verbliebenen mächtigen korinthischen Säulen zeugen vom einst größten Zeustempel des Altertums. Livius berichtet, der Tempel sei der Größe des Gottes angemessen. Vor einer Statuenbasis steht eine etwas stämmige Frau mit langem lockigen Haar. Sie breitet ihre Arme aus und ruft mit fester Stimme in tragendem Ton: »Allmächtiger Zeus und Gaia, beschütze uns! Und du, Hera, Königin über alles, die du den Menschen den Seelenfrieden schenkst, nimm unsere Fürbitten mit Freude an!« Schlag zwölf Uhr setzt sich eine Gruppe von acht Männern und ein paar Frauen vom Zeustempel mitten in Athen in Bewegung. Die Männer tragen das kurzärmelige, gegürtete Hemd, den *chiton*, der bis zu den Oberschenkeln reicht, die Frauen kleidet der dorische *peplos*, ein bis zum Boden reichender, zu dieser Jahreszeit wollener, reich verzierter Umhang. Ihre Füße stecken in eng geschnürten Sandalen, einige Lockenköpfe ziert ein duftender Lorbeerkranz. Ihre Bewegungen sind grazil und elegant. Die blank polierten Helme und Schwerter der Männer glänzen im Sonnenlicht. Wie ihre Vorfahren auf dem Panathenäen-Zug am Fries des Parthenon schreiten sie langsam voran, orphische Hymnen singend, im O-Ton auf Altgriechisch versteht sich. Sie überqueren den Amalias-Boulevard. Stoisch scheinen sie das sie umgebende Verkehrschaos, hupende Autos, schimpfende Busfahrer, wild gestikulierende Passanten, in ihr Handy schreiende Frauen zu ignorieren. Für die Touristen in der Plaka sind die verkleideten Neugriechen ein willkommenes Fotomotiv. Auf der Akropolis angekommen, verteilt sich die Gruppe, und besagte stolze Hellenin beginnt mit der Anrufung der Göttin Hera, Beschützerin des Hauses und Königin des Himmels. In der linken Hand hält sie ein Trinkgefäß mit Olivenöl, die rechte ist beschwörend in Richtung Parthenon erhoben. In diesem Moment unterbrechen Ordnungshüter jäh die heidnische Zeremonie und führen die Priesterin ab. Das Kulturministerium hat das angekündigte Ritual auf archäologischem Areal ausdrücklich untersagt. Doreta Peppa, von Beruf Schriftstellerin und die Vorsitzende des Vereins Ellinais, der sich die aktive Pflege antiken Brauchtums auf die Fahnen geschrieben hat, ist empört: »Am Parthenon breiten

Touristen im Bikini ihr Picknick aus, ohne dass die Behörden eingreifen. Aber uns wird verboten, den Heiligen Felsen der Akropolis in einer Tunika zu betreten! Schließlich opfern wir weder Tiere noch Menschen, sondern Honig, Blüten und Weihwasser!« »Ellinais« ist eine Abkürzung und steht für »Heilige Gemeinschaft der Gläubigen der Antike«. Die Gruppe wurde im Jahr 2005 gegründet, von damals dreiundzwanzig Polytheisten. Drei Jahre später hat sich die Mitgliederzahl vervierfacht und besteht zum größten Teil aus Akademikern: eine bunte Mischung aus Historikern, Medizinern, Ingenieuren, Philologen und Rechtsanwälten, die der Stolz auf die ruhmreiche Vergangenheit des alten Griechenland vereint. Sie verstehen sich als Humanisten, haben die alten Texte studiert und wollen sie anwenden, an den Originalschauplätzen, hier, im Athen des 21. Jahrhunderts. Deshalb sind sie an diesem Januartag an Ort und Stelle, einige von ihnen sind von weit her gekommen, Herr Markoulakis sogar aus London.

Wie alle Andersgläubigen sind die Adepten der zwölf olympischen Götter der griechisch-orthodoxen Kirche, zu der sich siebenundneunzig Prozent der Griechen bekennen, ein Dorn im Auge, umso mehr als ein Athener Gericht 2006 die heidnische Religion als solche legalisiert und zumindest als kulturelle Vereinigung aus religiösen Gründen anerkannt hat. Peppa und ihre Priesterkollegen dürften theoretisch Eheschließungen, Kindstaufen und Begräbnisse nach antiker Tradition durchführen, in der Praxis weigert sich das staatliche Zivilregister aber, diese Sakramente anzuerkennen. So wird allenfalls ein wenig Weihrauch in den Tempeln verbrannt, wenn es die Ordnungshüter nicht merken.

Neu ist das Phänomen des Neopaganismus freilich nicht. Im Zuge der griechischen Freiheitsbewegung kam altgriechisches Gedankengut in Mode. In Paris räkelte sich um 1800 eine hinreißende Juliette Récamier in einem weich fließenden, die Körperformen betonenden Gewand à la grecque auf dem nach ihr benannten Sofa. Schiller dichtete für die Götter Griechenlands, und Hunderte von Lithografien mit Allegorien des sterbenden Griechenland zwischen klassischen Ruinen fanden reißenden Absatz. Der Parthenon wurde zum am häufigsten nachgeahmten Bauwerk der Welt. Gleich ob hier verklärte Ruinenromantik oder Revoluzzerrufe, christliche Nächstenliebe oder die immerwährende Furcht vor den säbelschwingenden Osmanen, die archäologischen Entdeckungen in Süditalien oder die bahnbrechenden Schriften Winckelmanns (der wie so viele seiner berühmten Zeitgenossen nie in Griechenland war) mitschwangen: Griechisch zu sein hieß um 1800 in Europa modisch zu sein; ein Kennedy hätte damals gerufen: Ich bin ein Grieche! Aus diesem philhellenischen Enthusiasmus sind Generationen von Wissenschaftlern der Klassischen Philologie erwachsen. Für die meisten Griechen des neu gegründeten Staates war die Begegnung mit der antiken Vergangenheit neu. Athens erste Geschichte beginnt um 1300 vor Christus mit der Herrschaft des mythischen Theseus. Sie endet im dritten nachchristlichen Jahrhundert mit dem Einfall der Goten. Die zweite Geschichte ist hundertsiebzig Jahre alt. Dazwischen klafft eine lange historische Lücke, in der Athen in der Rezeption Westeuropas vor allem als Mythos existierte und in der Wahrnehmung der eigenen Bewohner ein fremdregiertes, unbedeutendes Dorf auf karger Erde war. Das Zentrum war »i Poli« – die Stadt Konstantinopel-Byzanz, über tausend Kilometer entfernt. Die erste Wiederbegegnung mit dem antiken Griechentum fand im Ausland in der Rezeption antiker Texte statt. Erst zwei Jahrhunderte nach der Eroberung Athens durch die Osmanen gelangten französische Jesuiten und Kapuzinermönche in die Stadt. Sie richteten sich im Lysikrates-Denkmal am Nordabhang der Akropolis ein. In ihrer Bibliothek entstanden die ersten wissenschaftlichen Antikenstudien auf griechischem Boden. Durch die Berichte der Kapuziner erfuhr Westeuropa erstmals in der Neuzeit vom gegenwärtigen Zustand der antiken Monumente. Wie aus dem Dornröschenschlaf wurde Athen wachgeküsst. Von englischen und französischen Ärzten, Botanikern, Architekten und Abenteurern. Zusammen mit König Otto kam auch eine Schar von deutschen Gelehrten nach Athen, die mit deutscher Gründlichkeit auf der bis dahin noch besiedelten Akropolis aufräumten, das heißt sie von allem Nichtklassischen befreiten. Mit der Wiederentdeckung der antiken Kultur ging auch die Begegnung mit den Nachfahren der alten Griechen einher. Doch diese bezeichneten sich selbst als »Romaioi«, als Oströmer, und verstanden sich in der byzantinisch-orthodoxen Tradition. Erst wenige Jahrzehnte vor Ausbruch des griechischen Freiheitskampfes bemühten sich einige griechische Auslandsintellektuelle um eine neue Identität. Diese wurde von außen an die Griechen herangetragen. Sprachpuristen erfanden eine neue »reine« Sprachform, die *katharevousa*, und die Söhne Griechenlands wurden auf einmal Platon, Sokrates und Demosthenes genannt. Das griechische Selbstverständnis erfuhr einen Wandel. Es verdankt sich einem Re-Import klassisch-idealistischen Denkens. Bis heute verbinden Arm und Reich, Bauer und Hochschulprofessor ein unerschütterlicher Stolz und der tiefe Glaube an eine glorreiche Vergangenheit. Und auch wenn die Vereinsstatuten die Kenntnis des Altgriechischen nicht zur Voraussetzung für die Aufnahme von neuen Mitgliedern in Frau Peppas Verein machen, eint sie doch die Begeisterung für die antiken Vorfahren und damit deren Götter.

Mit der Ausbreitung des Neopaganismus auf hellenischem Boden erfährt die alte Religion nach Jahrhunderten eine Renaissance: Die letzten Verehrer der zwölf olympischen Götter im östlichen Mittelmeer gab es in den Anfängen des Byzantinischen Reiches um das siebte nachchristliche Jahrhundert. Aus dem Ausland erhalten ihre Anhänger heute reichlich Unterstützung, geistig wie finanziell. Zweigstellen panhellenischer Polytheisten wurden bereits in den USA und in Australien gegründet. Nicht wenige begeisterte Philhellenen zieht es früher oder später in die geistige Heimat der zwölf Götter. Man muss ja nicht gleich am Olymp wohnen, lacht Apollos Papa, ein seit zwanzig Jahren in Athen ansässiger Buchhändler und vorzüglicher Kenner alter Griechenland-Stiche. Er beschäftigt sich seit seiner Schulzeit mit dem alten Griechenland. Seine Leidenschaft fand Ausdruck in der Namensgebung seiner Kinder. Darin spiegelt sich keine spirituelle Gottesverehrung, sondern die Bewunderung für die allzu menschlichen Eigenschaften der antiken Götter. Götter, die alle Höhen und Tiefen der menschlichen Leidenschaften ausleben. Götter, die lieben, betrügen, kämpfen und verwundbar sind wie die Ferse des Achill. Und die doch wunderbare Werte verkörpern: Apoll, das ist das Licht, die Kunst, die Wissenschaft, die Erkenntnis, und natürlich hofft der Papa, dass sich sein kleiner Apoll in diese Richtung entwickelt. Artemis, Apollos Schwester, ist die männlichste aller Göttinnen, mutig, entschlossen bei der Jagd, aber auch das eigene Geschlecht als Geburtshelferin unterstützend. Nun ja, wenn sie ein Junge gewesen wäre, so hätte dieser Prometheus geheißen.

Exarchia, Anarchia

Studentenrevolte à la grecque

»Psomi, Paidia, Eleftheria« –
Brot, Bildung, Freiheit

Auch am nächsten 17. November ist es wieder so weit. Die Hochschulen des Landes und etliche Bildungseinrichtungen, darunter auch ausländische wie das Goethe-Institut, bleiben in der Hauptstadt geschlossen. Die Banken im Zentrum machen die Schotten dicht, so mancher Kioskbesitzer am Fuße des Strefi-Hügels nimmt den einzigen Tag des Jahres frei. Ein Großaufgebot an Polizei umzingelt jeden Winkel in Exarchia. Um das Polytechnikum an der schnurgeraden, vom Omonia-Platz nördlich verlaufenden Patission-Straße herrscht Hochbetrieb. Hier steht auf Nummer 42, in unmittelbarer Nachbarschaft zum weltberühmten Archäologischen Nationalmuseum, das Zentralgebäude der ältesten und angesehensten Ingenieurhochschule des Landes. Die Technische Hochschule, mit offiziellem Namen Ethniko Metsovio Polytechnio, ist längst expandiert und auf einen Campus ins Viertel Zografou am Fuße des Hymettos gezogen. Doch das neoklassizistische Gebäude im Zentrum ist nicht nur Verwaltungsgebäude, sondern vor allen Dingen nationales Symbol, Wunde, Erinnerung, Mahnmal. Ein Ort, an dem neugriechische Geschichte geschrieben wurde, die sehr viele Griechen bis auf den heutigen Tag berührt: Am 17. November 1973, Griechenland befand sich im sechsten Jahr des Obristen-Regimes der Trias Papadopoulos, Pattakos und Makaresos, beendete die Junta eine Studentendemonstration auf blutige Weise. Die Studierenden hatten sich hinter den Mauern des Polytechnions verbarrikadiert, eine Radiostation eingerichtet und unter zunehmendem Beifall der Bevölkerung *psomi, paidia, eleftheria* skandiert, also nach Brot, Bildung und Freiheit und vor allem nach freien Wahlen des Studentenparlaments gerufen. Nach drei Tagen wurde das Haupttor der Hochschule von einem Panzer niedergewalzt, es gab zahlreiche Verletzte und Tote, wie viele, das ist bis heute umstritten. Ein Teil jenes schmiedeeisernen Tores ist noch zu sehen, ein Denkmal im Hof des Polytechnions erinnert an den studentischen Widerstand. Die Bilder von der gewaltsamen Auflösung einer friedlichen Demonstration gingen um die Welt, so wie später jene von der gewaltsamen Niederschlagung des Widerstands auf dem Platz des Himmlischen Friedens in Peking. Gleichzeitig war es der Anfang vom Ende der Militärherrschaft.

Die schockierenden Ereignisse von damals haben sich tief ins nationale Bewusstsein eingegraben und sind bis heute nicht verarbeitet. Besonders im Hochschulalltag wirken sie nach. Denn die erste nach Wiederherstellung der Demokratie frei gewählte Regierung unter Konstantinos Karamanlis, dem Onkel des jetzigen Premiers, beeilte sich, das sogenannte akademische Asyl einzuführen, das fortan an sämtlichen Hochschuleinrichtungen des Landes galt. Es verwehrt der Polizei de facto den Zutritt in die Universitäten und Fachhochschulen. Was im Zuge der Vergangenheitsbewältigung wohlgemeint war, hatte zur Folge, dass im Lauf der Jahre nicht nur Studierende und Professoren, sondern auch radikale Randgruppen zunehmend die griechischen Hochschulen bevölkerten und immer mehr an Einfluss auf jüngere Kommilitonen gewannen. Die Universität, allen voran die Nationaluniversität in Athen, wurde zum Ort, an dem sich nicht nur der freie Geist entwickelte, sondern auch Gewaltpotenzial, verbales und nonverbales.

Dreiunddreißig Jahre nach den Ereignissen im Polytechnion eskaliert die Situation im Zentrum Athens. Demonstrationen verlaufen gewalttätig, Wortführer rufen zum Boykott auf, behindern Rektorenwahlen und schrecken nicht davor zurück, Geiseln zu nehmen. Wie ein Lauffeuer schwappt die Gewaltwelle in die Provinz. Der Rektor der Universität Thessaloniki wird krankenhausreif geschlagen. Schlachtfeld und Brandherd Exarchia im Frühjahr 2007: Mit selbst gebastelten Molotowcocktails, Eisenstangen und Leuchtraketen gehen vermummte Randalierer auf die Polizei los. Diese setzen im Gegenzug Schlagstöcke und Tränengas ein. Das Tränengas vertreibt auch die Schaulustigen und Anwohner. Derweil stimmt das griechische Parlament über das neue Hochschulrahmengesetz ab. Es beschließt die Einführung von Hochschulmanagern und schreibt die maximale Studierdauer auf das Doppelte der

Regelstudienzeit fest, da bleiben immer noch acht schöne Jahre zum Demonstrieren. Im Parlament wie davor auf dem Syntagmaplatz ist die Stimmung gereizt, hitzige Diskussionen drinnen wie draußen. Keiner ist unbeteiligt. Ein Stein des Anstoßes: Die konservative Regierungspartei Nea Demokratia will den Polizeieinsatz in Hochschulgebäuden zulassen. Ein Sturm der Entrüstung geht durch das Volk. Studierende und Arbeiter solidarisieren sich wie so häufig in diesem Land und protestieren gegen die als Tabubruch empfundene Gängelung. Quasi das gesamte Hochschulsystem kollabiert, die Studierenden boykottieren die Universitäten und landesweit dreihundertdreißig Fakultäten und Abteilungen, Prüfungen werden auf den Sankt-Nimmerleins-Tag verlegt. Der Protest schwappt auch über auf die Lehrer an den öffentlichen Schulen des Landes. Hochburg der studentischen Proteste ist wieder einmal das Exarchia-Viertel, seit jeher Studenten- und Künstlerviertel.

Ein Ort, an dem sich die Geister scheiden und über den sich vortrefflich streiten lässt. Für die einen ist Exarchia das Quartier Latin von Athen: Treffpunkt der Linksintellektuellen und der alternativen Szene, der Ort, an dem die meisten Verlage, Copyshops, Bioläden und Druckereien des Landes ihren Sitz haben, wo Studierende, Galeristen, Maler in kreativer Symbiose leben. Ein Teil des alten Athen mit lauschigen *Rembetiko*-Lokalen und vergleichsweise günstigen Tavernen mitten im Großstadtmoloch, in denen die Kürbisse von der Decke baumeln und an die doch so ferne griechische Dorfidylle erinnern, eine *geitonia* (Nachbarschaft) der Weinseligkeit, in deren Ambiente die Nachbarn einander nicht nur kennen, sondern auch zusammenhalten. Ein Ort, an dem die Freiheit herrscht. Ein Gefühl, das einen samstags beim Marktbesuch am Strefi-Hügel überkommt. Es gibt nicht viele Viertel in Athen, wo man Gemüsemarkt und Brunch in einer netten Taverne oder einem hippen Café verbinden kann. Der intellektuelle Thinktank der Stadt. Für die anderen ist Exarchia gleichzusetzen mit Anarchie. Wo kaum ein Haus von Graffiti verschont ist, wo der Vandalismus herrscht, wo der Drogenkonsum gesellschaftsfähig ist. Wo zwischen dem 28. Oktober, dem griechischen Nationalfeiertag, der an die Ablehnung (*ochi*) des italienischen Ultimatums von 1940 und den darauffolgenden Einfall von Mussolinis Truppen erinnert, und dem 17. November, dem Polytechnion-Gedenktag, die Mülltonnen und Autos angezündet werden. Ein Ort der Subkultur. Nirgendwo ist die Polizeipräsenz in Athen so sichtbar wie in Exarchia. Sie soll die Zentrale der Panhellenischen Sozialistischen Partei Griechenlands (PASOK) in der Charilaou-Trikoupi-Straße beschützen und ein wachsames Auge auf linksradikale Gruppierungen haben.

Wie immer die Perspektive sein mag: Das charmant-brutale Exarchia-Anarchia schafft es an jedem 17. November sogar in die internationalen Schlagzeilen. Es ist der große Tag der Kundgebungen der Kommunistischen Partei Griechenlands und der in drei großen Dachverbänden zusammengeschlossenen Gewerkschaften, fünftausend soll es in diesem kleinen Land geben. Es ist der Tag der Jugend, der kollektiven Erinnerung an die Überwindung der Diktatur, der Solidarität mit der Dritten Welt, den Immigranten, den politischen Häftlingen. Exarchia ist Ideologie. Das Fernsehen überträgt in die letzten Winkel der Provinz die flammenden Reden der Vorsitzenden der KKE, der Kommunistischen Partei Griechenlands, der schmächtigen Aleka Papariga. Arbeiter und Studenten bilden das Gros ihrer Zuhörerschaft und kaufen bereitwillig Wertmarken zur Unterstützung der Partei.

Vor allem die ewigen Studenten, die es nach dem Willen der Regierung bald nicht mehr geben wird. Griechenlands Hochschulen sind stark politisiert, die Studierenden in politischen Parteien organisiert, die im Vergleich zu anderen Ländern über starkes Mitspracherecht verfügen. Die Korridore in den Universitäten sind übersät mit Spruchbändern, Plakaten und Flyern, die für die jeweilige politische Partei werben. In dieser Zeit wird mehr auf den Fluren als in den Vorlesungssälen diskutiert. Vor allem ein Name wird immer wieder genannt: Thanos Veremis, Professor für Politische Wissenschaften und Vorsitzender des Nationalen Bildungsrates. Er steckt hinter einem umfassenden Hochschulreformpaket, das die Nation in Atem hält. Der Druck der EU-Bildungspolitiker ist groß. Griechenland hatte Ende der Neunziger die sogenannte Bologna-Erklärung zur Schaffung eines europäischen Hochschulraums bis zum Jahre 2010 zwar unterschrieben, aber geschehen ist seither nicht viel. Zu groß ist der Widerstand unter den Studierenden, die gegen die Einführung einer Regelstudienzeit sind, und den Professoren, von denen ein Großteil eine Evaluierung, wie sie Veremis fordert, vehement ablehnt. Beide Seiten sind auch klar gegen die Zulassung privater Hochschulen, weil sie die Konkurrenz auf dem Arbeitsmarkt fürchten. Auch mit der Abschaffung der *syngrammata* entstünden beiden Seiten nur Nachteile. Darum gehen Professoren und Studierende gemeinsam auf die Straße. *Syngramma* bedeutet eigentlich »Schrift« und ist eine der Absurditäten griechischer akademischer Realität, an der Professoren wie Verleger gut verdienen und dank derer die angehenden Akademiker wissen, woran sie sind. Kurz gesagt lautet die Gleichung: eine Veranstaltung = ein Buch. Zu jeder Pflichtveranstaltung gibt es eine Monografie, die der Professor selbst vorschlägt (meist handelt es sich um das eigene Buch), die der Staat kauft und kostenlos an die Studierenden verteilt. Die gilt es auswendig zu lernen und in der Prüfung wiederzukäuen. Für den Studenten ist das viel bequemer als ein mühsames Bibliografieren in ohnehin miserabel ausgestatteten Bibliotheken. So mancher lässt sich denn auch jahrelang im Hörsaal nicht blicken und erscheint direkt zur Prüfung, denn wozu sollte er auch unnötige Zeit verplempern. Den Verfassern der Monografien, den Professoren also, verschafft der Verkauf ihrer Bücher einen soliden Nebenverdienst, auf den die meisten wegen des vergleichsweise geringen

Professorengehaltes auch angewiesen sind, und viele Verlage könnten ohne die *syngrammata* gar nicht existieren. Insofern profitieren alle, nur die Wissenschaft bleibt auf der Strecke.

Der griechische Bildungsminister steht zwischen den Stühlen: Auf der einen Seite droht die EU mit Bußgeldern, sollten ihre Richtlinien wie die Anerkennung berufsqualifizierender Abschlüsse nicht umgesetzt werden, auf der anderen Seite wächst der Unmut der Studierenden und damit der Druck der Opposition.

Im Herbst 2008 verschlechtert sich die Stimmung durch die globale Wirtschaftskrise. Die konservative Regierung wird von Politskandalen erschüttert und hält sich nur noch an einer hauchdünnen Mehrheit fest. Als am 6. Dezember ein fünfzehnjähriger Schüler in Exarchia durch eine Polizeikugel getötet wird, kommt das Fass zum Überlaufen. Eine beispiellose Welle der Gewalt erfasst Athen und schwappt wie ein Lauffeuer auf die Provinzstädte und sogar ins Ausland über. Der Tod des Jungen wird schnell instrumentalisiert: In die Proteste gegen eine schlecht ausgebildete Polizei mischen sich die Wut über überhöhte Preise, eine hohe Arbeitslosigkeit besonders unter den Jugendlichen, Anti-Amerikanismus und Globalisierungskritik. In den folgenden Tagen gehen vor allem Schüler und Studenten auf die Straße, selbst Neunjährige mischen sich unter die Demonstranten. Konnte der Staat nicht vermeiden, dass ein Staatsdiener einen Minderjährigen tötete, so kann er ebenso wenig seine Bürger und deren Besitz vor

Randalierern schützen. Tagelang brennen in Exarchia Geschäfte, Banken, Müllcontainer und Autos. Ist das eine Revolution der Jugend? Keine Generation Griechenlands war je so gut ausgebildet wie die jetzt Fünfzehn- bis Fünfundzwanzigjährigen. Und nie waren die Perspektiven so schlecht. Aber auch keine Generation ist so von ihren Eltern verhätschelt und zur Unselbständigkeit erzogen worden. Mit ihren lautstarken Protesten verschaffen sich diese jungen, verwöhnten Kinder auf der Straße eine Stimme.

Die angehenden Akademiker aber von damals, die den Widerstand gegen die Diktatur aktiv mitgetragen haben, reagieren mit gemischten Gefühlen auf die heftigen Auseinandersetzungen. Einige von ihnen sind jeden 17. November mit ihren Kindern unterwegs auf der Patission-Straße. Im stillen Gedenken an die Überwindung des Unrechtsregimes legen sie rote Nelken am Polytechnion nieder, in das sich Autonome zurückgezogen haben. Mit den Krawallen und den Zerstörungen wollen sie nichts zu tun haben.

Kein Museum für Schliemann

Eine Begegnung mit Professor Giorgos Korres

Unendlich mehr Reiz haben für mich die Berge Griechenlands, die ich aus meinen Fenstern sehe, denn sie sind die Schauplätze vieler großer Begebenheiten im griechischen Altertum gewesen, in welchem letzteren ich jetzt ganz lebe und atme.

HEINRICH SCHLIEMANN 1882

Doktor Heinrich (Henry) Schliemann, steinreicher Kaufmann und weltberühmter Ausgräber von Troja, Mykene, Tiryns und Orchomenos, amerikanischer Staatsbürger deutscher Herkunft, verheiratet in erster Ehe mit der Russin Katharina Petrona Lyshina und in zweiter Ehe mit der Griechin Sophia Engastromenou, war ein Weltbürger im besten Sinne des Wortes. Darauf deutete zunächst wenig hin. Er war in einem weltabgeschiedenen mecklenburgischen Dorf, das zu seiner Zeit kaum mehr als hundertfünfzig Einwohner hatte, aufgewachsen. Zu seinen Stationen als Kaufmann und Student zählten Hamburg, Amsterdam, Sankt Petersburg, Indianapolis, Paris und ausgedehnte Reisen im Orient und dem Fernen Osten. Seinen Hafen fand der rastlose Schliemann schließlich in Griechenland. Im Frühjahr 1870 ließ er sich mit seiner um dreißig Jahre jüngeren griechischen Frau endgültig in Athen nieder, zunächst in der Musenstraße in der Nähe des heutigen Syntagma-Platzes. Die Bilder der mit dem »Schatz des Priamos« behängten Griechin schickte Heinrich Schliemann an Zeitungen in der ganzen Welt. In jener Zeit fasste er den Entschluss, sich ein repräsentatives Haus bauen zu lassen, und beauftragte damit Ernst Ziller, den aus Sachsen stammenden bedeutendsten und nachhaltigsten Architekten des modernen Athen: »Ich habe mein ganzes Leben hindurch in einem kleinen Hause gewohnt, aber den Rest meiner Lebensjahre will ich in einem großen verbringen. Ich suche weite Räumlichkeit und nichts weiter. Wählen Sie den Baustil, den Sie wollen; meine einzigen Bedingungen sind eine breite Marmortreppe und auf dem Dache eine Terrasse.«

Das Iliou Melathron, wie er die Villa selbst nannte, also der Palast von Ilion, womit er auf seine Hauptgrabung in Troja Bezug nahm, wurde am 30. Januar 1881 mit großem Pomp eingeweiht. Die eklektische Ausstattung dieses neuhomerischen Palastes im Zentrum Athens überwältigte die Gäste. Der Universitätsstraße zugewandt öffnen sich Arkadenbögen von zwei Loggien wie ein venezianischer Renaissancepalast. Wände und Decken sind im pompejanischen Stil dekoriert, den Boden schmücken prachtvolle Mosaiken mit Darstellungen trojanischer und mykenischer Gegenstände aus Schliemanns Ausgrabungen. Der Gesellschafts- und Ballsaal ist eine Hommage an die Errungenschaften des Hausherrn selbst, der nicht zögerte, auch die Familie und Freunde in Bildern verewigen zu lassen. In den Treppenaufgängen und als Sopraporten lesen die Besucher antike Weisheiten wie »Erkenne dich selbst« oder »Studieren ist alles«.

In den neun letzten Lebensjahren von Heinrich Schliemann wurde im Iliou Melathron hingebungsvoll antiker Lebensstil gepflegt. Seine aus der Ehe mit Sophia entsprossenen Kinder Agamemnon und Andromache wurden bei Abendgesellschaften angehalten, die Gäste auf Altgriechisch zu begrüßen, wie überhaupt bei den Schliemanns vorwiegend Altgriechisch die Tischsprache war. Zum Abendessen gab es keine Musik, sondern es wurden homerische Gesänge rezitiert. Sein Personal rief der Hausherr mit homerischen Namen: Bellerophontes, der eigentlich Dimitris hieß, diente als Pförtner, Priamos bestellte den Garten, Kalchas war Kutscher, Telamon kümmerte sich um Verwaltungsangelegenheiten und Hekate, Danae und Polyxene versorgten als Kindermädchen den Nachwuchs. Jeden Donnerstag konnte sich die feine Athener Gesellschaft von der Inszenierung Homers und der Auferstehung Trojas überzeugen. Selbst Besucher der Stadt durften in diesen erlesenen Kreis eintreten. Bald wurde die Schliemann-Villa zum Besuchermagneten: »Wer heute nach Athen kommt, besucht außer dem Parthenon auch den großen Altertumsforscher Dr. Schliemann. Er ist allerdings nicht so leicht kennenzulernen wie der Parthenon. Sein Haus ist nur an jedem Donnerstag der Gesellschaft Athens offen, und jeder Fremde, der im Laufe der Woche seine Karte abgibt, kann mit einer Einladung rechnen. Sein Haus ist das prächtigste des neuen Athen«, notiert die *Neustrelitzer Zeitung* 1884, Nr. 10–13, unter Berufung auf die griechische Zeitschrift *Hestia*. Im Haus der Schliemanns verkehrten Politiker und Universitätsprofessoren, Journalisten und Archäologen, Griechen und Fremde.

Wo wird heute das Andenken Schliemanns in Athen gepflegt? Die goldgefüllten Schachtgräber, die Schliemann in Mykene ausgrub, sind die Hauptattraktion des Archäologischen Nationalmuseums. Über den Ausgräber selbst erfährt man dort fast nichts. Ein Besuch auf dem Ersten Friedhof von Athen führt zum Mausoleum der Familie Schliemann, einem der herausragenden Grabmonumente Athens. Doch bekanntlich schweigen die Gräber. Die Suche führt unweigerlich zur Wirkstätte Schliemanns, dem Iliou Melathron, dessen Restaurierung nach sage und schreibe dreiundzwanzig Jahren im September 2007 beendet wurde. Zwischen hohen Büro- und Wohnhäusern ragt die schöne Villa in der Panepistimiou-Straße Nummer 12 heraus, von der Terrasse hat man keinen Blick mehr auf die Akropolis, wie einst der Hausherr sie genießen konnte, und auch die überlebensgroßen Statuen, die zu seinen Lebzeiten die Balustrade zierten, sind von dort verschwunden. Ein wenig verloren wirkt er, der Palast von Ilion. Nichts verweist am Eingang auf den berühmten Bewohner. Der heutige Besucher betritt das numismatische Museum.

»Eine Kulturschande! Eine Tragödie!« Giorgos Stylianos Korres, emeritierter Professor der

Archäologie der Universität Athen und einer der profiliertesten Kenner Schliemanns, ist entsetzt. Fast sein gesamtes Wissenschaftlerleben hat er dem Werk Heinrich Schliemanns gewidmet. Dass dem Andenken Schliemanns in dessen Wahlheimat keine Gedenkstätte gewidmet ist, verbittert den Professor. Jahrelang hatte er um die Einrichtung eines Schliemann-Museums im Iliou Melathron gekämpft, »als Verpflichtung gegenüber unserer historischen Vergangenheit, gegenüber Heinrich Schliemann, der uns durch seine rastlose archäologische Arbeit die Frühgeschichte Griechenlands erhellt hat«. Er verfasste wissenschaftliche Artikel, Schmähschriften in Zeitungen mit dem provokanten Titel »Ich sage Nein zum Rausschmiss von Schliemann!«, gab Interviews und ging Klinkenputzen im Kulturministerium, bei Botschaftern und den höchsten Vertretern des griechischen Staates. Die Minister kamen und gingen, hielten sich bedeckt und blieben bei halbseidenen Versprechungen. Professor Korres hielt eisern an seiner Idee fest und unterbreitete elaborierte Vorschläge für ein persönlichkeitsbezogenes Schliemann-Museum mit Dokumenten, Möbeln, Gemälden, Fotos, Briefen. Die meisten Dokumente aus Schliemanns Nachlass befinden sich heute in der Athener Gennadion-Bibliothek. Als ein Fenster der deutschen Wissenschaft in Griechenland verstand Korres seine Idee, und so ist es nicht verwunderlich, dass er geistige Unterstützung vor allem von deutschen Wissenschaftlern und Einrichtungen erfuhr. Das Museum sollte auch

Forschungs- und Tagungsstätte sein, Dauer- und Wechselausstellungen zeigen, ein Museum von Weltrang, eröffnet zum hundertjährigen Todestag Heinrich Schliemanns im Jahr 1990, als Korres ein internationales Schliemann-Symposion in Athen organisierte, das noch nicht einmal im Iliou Melathron stattfinden durfte.

Zerplatzt der Traum. Achtundfünfzig Jahre lang, seitdem Sophia Schliemann sechs Jahre vor ihrem Tod (1932) die Villa an den griechischen Staat verkauft hatte, befand sich das Iliou Melathron im Besitz der öffentlichen Hand, war entfremdet in den Augen von Korres. Der Staatsrat richtete sich 1928 dort ein, sechs Jahre später der Areopag, das Oberste Gericht, der siebenundvierzig Jahre lang blieb. Ignorante Banausen hatten nach dem Zweiten Weltkrieg die trojanische Swastika-Ornamentik aus dem Boden gekratzt, schimpft Giorgos Korres. Danach verödete das Haus, bis Melina Merkouri, Kulturministerin und charmanteste Attraktion im Kabinett des Sozialistenchefs Andreas Papandreou, 1985 Europas Spitzenpolitiker nach Athen als erste europäische Kulturhauptstadt einlud. In aller Eile machte man sich an die Restaurierung des Iliou Melathron, in dem der deutsche Außenminister Genscher zusammen mit Frau Merkouri die Ausstellung »Troja – Heinrich Schliemanns Ausgrabungen und Funde« eröffnete. Allerdings beschränkte sich die Führung auf die erste Etage, da die Handwerker in den anderen Etagen noch an der Arbeit waren. Geplant war sogar, ein kolossales Trojanisches Pferd vor dem Iliou Melathron aufzustellen. Das Vorhaben platzte ebenso wie die drollige Idee, die politischen und diplomatischen Gäste des Festbanketts die Tafel wie die alten Griechen umlagern zu lassen.

Im Dezember 1998 wurde im Iliou Melathron das numismatische Museum eingeweiht. Korres blieb aus Protest der Zeremonie fern, ebenso wie der Einweihung des frisch restaurierten zweiten Obergeschosses. Einzig der Respekt vor dem damaligen Staatspräsidenten Stefanopoulos habe ihn davon abgehalten, demonstrativ mit seinen Studierenden in schwarzer Trauerkleidung aufzutreten. Sie hassen den alten Besitzer, empört er sich. Das Haus mit dem einzigen Raum, der spärlich das Andenken Schliemanns pflege, werde entweiht und der berühmtet Deutsche quasi zu seinem eigenen Untermieter, klagt Korres. Heute, zehn Jahre später, hat sich Korres' Wut keineswegs gelegt. Gerade schreibt er die erste Monografie über das Iliou Melathron, die dann wohl auch der kleine Museumsshop vertreiben wird. Eine späte Genugtuung sei das freilich nicht.

Derweil ist Schliemann so populär wie zu seinen Lebzeiten. Sein Leben wurde mehrfach verfilmt, zuletzt in der TV-Serie »Der geheimnisvolle Schatz von Troja«, und Betsy Jolas' Oper »Schliemann« wurde, dirigiert von Kent Nagano, 1995 in Lyon uraufgeführt. Die Literatur über Schliemann füllt mittlerweile ganze Bibliotheken, ein Großteil ist den Recherchen von Giorgos Korres zu verdanken. Doch nur in seiner mecklenburgischen Heimat Ankershagen wurde dem berühmten deutschen Archäologen ein Museum gewidmet. Bleibt zu hoffen, dass das numismatische Museum mit seiner riesigen Sammlung bald aus allen Nähten platzt und sich nach einer neuen Bleibe umsehen muss. ΚΑΙΡΟΣ ΠΑΝΤΙ ΠΡΑΓΜΑΤΙ ist in Schliemanns ehemaliger Bibliothek zu lesen: Für jede Sache gibt es eine bestimmte Zeit. In ein paar Jahren jährt sich Schliemanns zweihundertster Geburtstag.

Mit Kommissar Charitos durch die Stadt

Petros Markaris' Athen-Krimis

> *Die Fähigkeit, Umstände herbeizuführen, die alles plötzlich ganz anders aussehen lassen, obwohl alles beim Alten geblieben ist, hat Gott nur den Griechen geschenkt.*
>
> PETROS MARKARIS, Live!

Ein sonniger, kühler Morgen im März. Wir sind in der »Brasserie« in der Valaoritou verabredet. Die kurze Straße ist eingekeilt zwischen den verschiedenen Gebäuden des Außenministeriums und gesichtslosen siebenstöckigen Betonbauten aus den Sechzigern mitten im Zentrum. Im Gegensatz zu den meisten Straßen Athens ist sie auf ihren einhundert Metern nur den Fußgängern vorbehalten. Zugegeben, bei den Motorrädern drückt man ein Auge zu, besonders bei den vielen motorisierten Botengängern, die ununterbrochen Kurierbriefe, Pizzen, Blumen und Geschenkkörbe mit Wein und Delikatessen transportieren. Ansonsten ist die Valaoritou aber ein beliebter Verweilort für Ministerialbeamte, Rechtsanwälte, Journalisten und Schriftsteller. Kein Wunder, denn sie besteht fast ausschließlich aus Cafés mit ausländischen Namen wie »Jimmy's« und eben »Brasserie«. Das gibt ihr den gewissen weltläufigen Anstrich. Fast alle, die hier Kaffee schlürfen, gehen ihren Jobs in der unmittelbaren Umgebung nach und verschwinden rasch wieder zum nächsten Termin.

Petros Markaris wohnt in Kypseli, früher Wohnstatt des Mittelstands und vieler Intellektueller, heute einer der am dichtesten bewohnten Stadtteile Athens mit hohem Ausländeranteil. Er ist mit dem humpelnden Trolleybus ins Zentrum gekommen. Einen Führerschein hat der Zweiundsiebzigjährige nicht, ein vortrefflicher Kenner der Athener Straßenverhältnisse ist er dennoch. Den Protagonisten seiner Athen-Krimis, Kriminalhauptkommissar Kostas Charitos, lässt er seitenlang fluchend und schwitzend in einer klapprigen Rostbeule der Marke Fiat Mirafiori durch das abgasgeschwängerte und ohrenbetäubende Athener Verkehrschaos im Stop-and-go-Rhythmus fahren: »Der Mirafiori ist authentisch. Es kann sein, dass er dich bei schönstem Wetter mitten auf der Straße im Stich lässt. Genau wie Griechenland die Griechen.« Der deutsche Leser, der mit der Athener Verkehrsführung gewöhnlich nicht vertraut ist, erhält dabei nur die gestraffte Version. Im Original bleibt nichts ausgespart. Der Kommissar kommt mal wieder nicht vom Fleck, er bewegt sich im Schneckentempo. Für eine lächerlich kurze Strecke benötigt er kostbare Zeit, die er lieber mit einem Kaffee-*Frappé* und Croissant verbracht hätte. Manchmal hilft nur das Anschalten der Sirene. Straßen, Ampelkreuzungen, Plätze werden gebetsmühlenartig aufgezählt. Die Lektüre gleicht dem Aufwachen in Athen, wenn der Kommentator im Radio allmorgendlich die verstopften Achsen der Betonwüste herunterleiert, immer dieselben Trassen, Schneisen und Ringstraßen. Aber gelegentlich ist dem Kommissar das Glück hold, und er ergattert einen Parkplatz. Durchschnittlich vierzig Minuten verbringt der Athener jeden Tag mit der Parkplatzsuche, da ist Kommissar Charitos keine Ausnahme. Warum das so ist? Weil es erst seit den Achtzigern ein Gesetz gibt, das bei Neubauten Stellplätze in einer Garage vorschreibt, und Bauherren diese Vorschrift nur untergraben dürfen, wenn die zu bebauende Fläche kleiner ist als hundertachtzig Quadratmeter -- und dafür kräftig zur Kasse gebeten werden. Weil sich der schlaue Athener längst ein zweites Auto mit anderen Nummernschild-Endziffern angeschafft hat und somit die Verordnung, dass er mit dem Erstwagen nur jeden zweiten Tag ins Zentrum fahren darf, elegant umgeht. Weil die öffentlichen Verkehrsmittel immer noch im Entwicklungsstadium sind. Und weil der Grieche letztlich sein Auto liebt. My car is my castle. Es ist doch allemal besser, allein im Stau zu stecken und zu fluchen, gut beschützt von der autoeigenen Klimaanlage und den Lieblingsliedern, als inmitten einer schwitzenden, wie die Sardinen in der Büchse zusammengedrückten Menge im Bus zu stehen, die auf Gedeih und Verderb dem musikalischen Geschmack des Busfahrers und den Handygesprächen der Leidensgenossen ausgesetzt ist. Nur dass Charitos weder über eine Klimaanlage noch über einen CD-Player in seinem Fahrzeug verfügt und ständig mit sich hadert, ob es besser sei zu schwitzen oder bei heruntergekurbeltem Fenster die Abgase einzuatmen.

Die Athen-Krimis von Markaris haben längst Kultstatus unter seinen Fans erreicht. Jeder zweite Athen-Führer empfiehlt ihre Lektüre. Zu Recht. Beim ersten europäischen Krimitreffen 2005 in Barcelona hat Markaris selbstverständlich Griechenland vertreten. Was für Marseille Izzo ist, für Barcelona Montalban, für Sizilien Camilleri, das ist für Athen Markaris: ein Autor, der die soziale Topografie der Stadt gnadenlos aufdeckt und in spannende Plots verwickelt. Der Mittelmeerkrimi hat Hochkonjunktur.

Markaris redet und redet. Der ganze Körper ist in Bewegung. Seine Hände formen das Gesprochene nach, die Arme fuchteln, sein Oberkörper bebt. Vor allem sind da viele Lachfalten und ein sehr sympathisches Augenzwinkern. Markaris hat Humor, das merkt man sofort. Seine vortreffliche Beobachtungsgabe, gemischt mit einer Prise Sarkasmus und der nötigen Ironie, die Distanz des auswärts Geborenen, des in Konstantinopel, der *polis* – der »Stadt«, aufgewachsenen und in Wien ausgebildeten griechischen Kosmopoliten verleihen seinen Romanen Authentizität. Markaris ist ein Chronist, der uns die Eigentümlichkeiten der Athener Gegenwart schonungslos und witzig offenbart. Wir Leser können uns daran ergötzen oder auch daran verzweifeln.

Kein Thema bleibt ausgespart, weder in seinen Krimis noch im persönlichen Gespräch. Nicht der Traum des griechischen Kleinbürgers von der eigenen Immobilie für die Kinder, früher finanziert durch jahrzehntelange Entbehrung, heute schnell über Kredite, die wie ein Bumerang zurückschlagen. Nicht die Wirtschaftskorruption, die politische Verlogenheit, die Effekthascherei der Medien. Die griechische Berichterstattung, in der stundenlang über ein einziges lokales Thema hitzig und kontrovers diskutiert wird, sei eine Katastrophe, meint Markaris. Ja, auch er habe einen Fernseher, sogar einen mit einem besonders großen Bildschirm, auf dem er fast jeden Abend Filme und Theaterstücke sehe. Und für Fußball und Basketball begeistere er sich auch. Kein Wunder. Das sind schließlich die Sportarten, in denen sich Griechenland in den letzten Jahren besonders qualifiziert hat. Seine Informationen beziehe er im Wesentlichen aus der Zeitung, vor allem aus den ausländischen Medien, die er täglich online lese, darunter die *Süddeutsche* und *Le Monde*. Die griechische Berichterstattung sei eine Katastrophe, doch gewiss eine vorzügliche Vorbereitung für einen neuen Roman: Nichts eigne sich dafür besser als eine Woche Zapping durch die allabendlichen Talkshows der griechischen Art. Da sieht man einzelne Fensterchen auf dem Bildschirm, die von je einem Kommentator besetzt sind, eine Art Videokonferenz, bei der alle Beteiligten auf einmal losreden, Schimpftiraden loslassen und ein heilloses Durcheinander stiften. Verschwörungstheorien werden aufgestellt und prophetische Aussagen gemacht. So wie bei der monatelang die Medien beherrschenden Zachopoulos-Affäre. Christos Zachopoulos, Staatssekretär im Kulturministerium, hatte im Dezember 2007 einen Selbstmordversuch unternommen, nachdem eine ehemalige Angestellte und Geliebte ihn mit heimlich aufgenommenen Videos beim gemeinsamen Liebesspiel kompromittiert hatte. Die Grenze zwischen Fiktion und Realität verwischt schnell, wenn die Medien erst einmal das Genre Literatur ausschlachten und Markaris als prophetischen Autor entdecken, der in »Live!«, einem Roman, in dem sich unter anderem ein sehr erfolgreicher Politiker, umringt von der Öffentlichkeit, umbringt, ein solches Drama vorhergesehen hatte.

Für einen neuen Roman begibt sich Markaris akribisch auf Spurensuche. Zuallererst in einem bestimmten Athener Viertel. Dort durchstreift er so lange beobachtend, fotografierend und Notizen schreibend die Gegend, bis die Topografie endgültig feststeht. Seinem wachen Blick entgeht weder der alte Losverkäufer noch der Alteisenwarenhändler oder die Frau im Kittel, die den struppigen Straßenkatzen Essensreste in verbogenen Aluminiumbehältern auf den Bürgersteig stellt. Museen in Städten sind ihm verhasst. Sein Athen ist denn auch kein museales, es ist das ungeschminkte Athen der Gegenwart, das Athen der Immigranten, der Neureichen, der Intellektuellen, der Kleinbürger, der Wirtschaftsmanager und Politiker, die längst zu Marionetten geworden sind.

Schonungslos bricht Markaris mit Tabus: Die griechisch-orthodoxe Kirche geht in einem seiner Krimis im Bündnis mit den serbischen Glaubensbrüdern über bosnische Leichen. Ein griechischer Kollaborateur ermordet im Auftrag der Waffen-SS im Blutrausch seine eigenen Landsleute im Gebirgsstädtchen Kalavryta. Amüsiert stellt Markaris fest, dass er damit in Deutschland einen lauteren Schrei der Entrüstung auslöste als in Griechenland: Der Deutsche gibt nun mal seine Täterrolle nicht gerne ab und trägt die Last der Schuld lieber allein. Alles muss schließlich seine Ordnung haben.

Kommissar Charitos ist ein Antiheld. Er verkörpert den griechischen Kleinbürger par excellence. Von dem respekteinflößenden Gebaren eines verbeamteten Würdenträgers haftet ihm nichts an. Und doch gewinnt er Sympathien, gerade wegen seiner Mittelmäßigkeit. Sei es, weil er seine einzige Tochter Katharina, eine promovierte Juristin, abgöttisch liebt und stolz auf sie ist, so wie jede griechische Familie maßlos stolz ist auf den Nachwuchs, der »es zu etwas gebracht hat«. Sei es, weil er ständig im Clinch ist mit seiner Ehefrau Adriani, einer modernen Xanthippe, unter deren Fuchtel er steht, so wie es den meisten längst resignierten Ehemännern ergeht. Sei es, weil ihn nichts so sehr entspannt wie in Wörterbüchern zu schmökern – das einsprachige Wörterbuch von Dimitrakis, ein Standardwerk, schmückt denn auch tatsächlich das einzige Bücherregal im griechischen Durchschnittshaushalt. Sei es, weil eine dienstliche Beförderung aussichtslos ist und er seinen komplexbeladenen und sich autoritär gebärdenden Chef längst durchschaut hat. Die hierarchischen Strukturen sind von vornherein festgezurrt.

Man sollte meinen, dass in einer Stadt, in der fast immer die Sonne scheint, das Wetter kein Thema ist. Genau das Gegenteil ist der Fall. Der Athener nörgelt grundsätzlich immer über das Wetter. Entweder, weil es ihm zu heiß ist. Oder zu kalt. Oder zu feucht. Nur wenn er nichts von sich gibt, ist das Wetter in Ordnung. Aber das ist eigentlich nie der Fall. Genauso verhält es sich mit Markaris' Romanen. Ständig ist vom Wetter die Rede. Es ist entweder glühendheiß oder eiskalt. Der Grieche liebt das Extrem. Und er kommentiert es ständig.

Mit Petros Markaris hat die neugriechische Literaturszene einen international erfolgreichen Schriftsteller gewonnen. Inwiefern Markaris auch als frisch nominierter Präsident des nationalen griechischen Buchzentrums EKEBI der neugriechischen Buchproduktion insgesamt zu mehr Aufmerksamkeit verhelfen wird, darf mit Spannung verfolgt werden.

Der Stolz der Nation liegt im Untergrund

Die Athener Metro

> *The problem is that between the subway's heaven and the hell of our streets there is no purgatory.*
>
> ATHENS PLUS, Juni 2008

Im Januar 2000 hatte ich das seltene Glück, mit einer deutschen Hochschulrektorendelegation an Athens nobelster Adresse, dem Hôtel Grande Bretagne, unterzukommen. Das war noch vor der Renovierung des Traditionshauses anlässlich der bevorstehenden 28. Olympischen Sommerspiele. Die einladende griechische Seite machte ihrem Ruf alle Ehre, bewies echte griechische Gastfreundschaft und buchte uns allen selbstverständlich Zimmer mit Akropolis-Blick. Am zweiten Tag machte sich eine schwere Erkältung bei mir bemerkbar und ich musste notgedrungen das Bett hüten. Ist es ein Privileg, in einem der Leading Hotels of the World zu erkranken? Die Stunden waren lang, der Kopf dröhnte, das Fieber stieg, und selbst die banalsten Bollywood-Clips auf MTV India verlangten meinem ermatteten Körper Höchstkonzentration ab. Nur dank der in Tupperware eingeschmuggelten kretischen Diät meiner Schwiegermutter in spe kam ich langsam wieder zu Kräften, sodass ich am dritten Tag immerhin schon ein paar Schritte auf den Balkon wagen konnte. Dort bot sich mir an jenem Sonntagmorgen ein unerwartetes Schauspiel: Unter mir, am Syntagma-Platz, herrschte Volksfeststimmung. Die Halkyoniden schenkten dem Athener Volk ein Bilderbuchwetter, Musik spielte, weiß-blaue Wimpel hüpften lustig auf und ab im Wind, das sonst übliche Autohupkonzert wurde von aufgeregten, in ihr Handy schnatternden jungen Damen, herausgeputzten albernden Kindern in Sonntagskleidung und wild gestikulierenden Polizisten übertönt. Ganz Athen feierte die Eröffnung der Metrolinie Nummer drei und strömte in den Untergrund!

Nun ist der Name der Linie etwas irreführend und könnte Anlass zur Vermutung geben, es gäbe bereits Nummer eins und zwei – was auch richtig ist. Allerdings handelt es sich bei Nummer eins um eine hundertzweiunddreißig Jahre alte Linie, die den Hafen von Piräus mit der einstigen Sommerfrische und dem heutigen Nobelvorort Kifisia verbindet, und nicht um eine Untergrundbahn. Die Nummer eins, die grüne Linie, ist schlichtweg »die Elektrische« – *o ilektrikos*. Seit dem Jahr 1904 elektrifiziert, verkehrt sie fast ausschließlich überirdisch und stellt mit ihrer Strecke von sechsundzwanzig Kilometern die wichtigste Nord-Süd-Verbindung dar. Sie durchquert, klappernd vom Hafen kommend, im Süden und im Zentrum typische Arbeiterviertel, Lagerhäuser und halb verfallene Industrieanlagen, die während der Olympischen Spiele von riesigen Plakaten verhängt waren und seither wieder unverhohlen ihre

Hässlichkeit zur Schau stellen, fährt an der Agora geradewegs mitten durch die Antike und spuckt in der Welt der Neureichen und jener, die sich als solche ausgeben, ukrainische Kindermädchen und albanische Putzfrauen aus. Jährlich benutzen sie einhundertfünfzig Millionen Fahrgäste. Dreißig Stundenkilometer fährt sie im Durchschnitt und braucht für die gesamte Strecke einundfünfzig Minuten. Sie ist häufig überfüllt, im Sommer nicht durchweg mit Klimaanlagen ausgestattet und erfreut sich einer bunt durcheinandergewürfelten Klientel von Touristen, Immigranten und griechischen Kleinbürgern. Die blondierte Athenerin aus den nördlichen Vororten hat für die Elektrische, die sie allenfalls an die eigene, schnell vergessene Studienzeit erinnert, hingegen nur ein herablassendes, müdes Lächeln übrig. Ihren frisch pedikürten Fuß in atemberaubenden High Heels setzt sie lieber schwungvoll in den dunklen Jeep, Schotten runter, Klima- und Musikanlage aufgedreht erlebt sie den täglichen unaufhörlichen Stop-and-go-Verkehr gelangweilt hinter verdunkelten Windschutzscheiben.

Mit der blauen Metrolinie Nummer drei (Nummer zwei wurde später eingeweiht) brach an jenem strahlend blauen Januartag ein neues Kapitel in der Athener Verkehrspolitik an, das den Athenern den Anschluss an moderne Infrastruktur eröffnete. Genau siebenundvierzig Jahre nachdem Konstantin Karamanlis, der Onkel des heutigen gleichnamigen Regierungschefs, als Minister für öffentliche Bauten Athen ein neues modernes

Zeitalter verheißen hatte. Modernität war 1953 gleichzusetzen mit Abrissbirne. Als Erstes wurde die Straßenbahn geopfert, dann folgten die Einfamilienhäuser, Viertel um Viertel, Straßenzug um Straßenzug, die Betonwüste breitete sich aus. Bis kein Platz mehr war für die vielen Autos und Busse, die sich im Durchschnitt mit zwölf Stundenkilometern durch den Verkehr quälten. Als in den Achtzigern Athen die höchste Schadstoffbelastung Europas aufwies und die Akropolis unter dem *nefos*, der berühmt-berüchtigten Smogdunstwolke, verschwand, war Umdenken angesagt. Seit 1982 gibt es einen Stadtring, in dem Autos mit ungeraden Endziffern auf den Kennzeichen nur an ungeraden Kalendertagen fahren dürfen und an den geraden Kalendertagen die Autos mit geraden. Als dieses System für Werktage eingeführt wurde, gab es vierhundertdreißigtausend zugelassene Pkws in Athen. Heute sind es 2,8 Millionen, und dreiundvierzig Prozent der Athener Familien verfügen über mindestens zwei Autos, jeweils mit geraden und ungeraden Nummernschildern. Nach zehn Uhr sind hunderttausend Pkws aus den Vororten in der Innenstadt abgestellt, davon stehen fünfunddreißigtausend im Parkverbot. Die Autos parken überall, auf Bürgersteigen, Busspuren, an Kreuzungen und in der zweiten Reihe. Jährlich kommen fünfzigtausend neu in Athen zugelassene Autos hinzu. Der tägliche Gang zum Büro wird für Fußgänger zum Slalomlauf, Mütter mit Kinderwagen verzichten besser ganz auf den Spaziergang, und für Gehbehinderte ist das Zentrum von Athen eine Zumutung. Daran hat sich in vierzig Jahren nichts geändert. Die Athener Lady stöckelt auf höchst unebenem Asphalt.

Die Rettung lag im Untergrund: Die Bauarbeiten für die Metro begannen in den frühen Neunzigern, ein Konsortium aus nicht weniger als zweiundzwanzig griechischen, französischen und deutschen Firmen erhielt den Zuschlag. Doch es ging langsam voran, sehr langsam, zu langsam in den Augen der Ingenieure, aber zu schnell aus der Sicht der Archäologen, die bei jeder gefundenen Tonscherbe einen sofortigen Baustopp verfügten. Pinsel und feines Schürfwerkzeug ersetzten dann die Bagger. Es wurde die aufwendigste und teuerste Grabung, die Athen seit dem Bau des Parthenon erlebt hatte. Letztendlich wurde die Metro zum Vorzeigeobjekt für beide Seiten: Die Ingenieure können stolz sein, Tunnelschächte durch die zweitausendfünfhundert Jahre alte Erdschicht gegraben zu haben. Die Archäologen können sich bislang an über fünfzigtausend Funden erfreuen, die auf Kosten der Aktiengesellschaft Attiko Metro zutage gefördert wurden. 2,1 Milliarden Euro verschlang der Bau der Metrolinien zwei und drei, und weitere 2,2 Milliarden Euro werden seit 2004 für die Erweiterung der Linien benötigt. Das Geld kommt zur Hälfte von der Europäischen Union. Die andere Hälfte wird mit Krediten der Europäischen Investitionsbank beziehungsweise vom griechischen Staat aufgebracht.

Im Januar 2000 wurden den bass erstaunten Athener Passanten auf dem Syntagma-Platz Flyer in die Hand gedrückt mit der Überschrift »Wie benutze ich die Metro?«, die bei jedem Pariser oder Londoner für große Erheiterung gesorgt hätten. Denn wie ist es eigentlich möglich, sich auf einer einzigen Metrolinie zu verfahren? Und auch wenn die Fünf-Millionen-Metropole inzwischen längst eine weitere Linie, die Nummer zwei, die rote Linie, besitzt und die Nummer vier (gelb) zumindest in Planung, wenn auch finanziell ungesichert ist, überrascht *to metró* auch im achten Jahr ihres Bestehens nach wie vor. Wie eine Wunderwelt wirkt der Untergrund, weil dort alles so anders ist als oben in der Wirklichkeit. Und sie ist viel mehr als nur ein schnelles und sicheres Fortbewegungsmittel. Die Athener Metro ist an sechs Stationen auch ein Museum, das zum Stolz der täglichen Pendler und zur Freude der Touristen antike Wasserleitungen, das Eridanos-Flussbett, einen Bäderkomplex, Straßen, Geschäfte, Vasen und allerlei Alltagsgegenstände kostenlos ausstellt. Riesige Fotowände an der Station Monastiraki zeigen jubelnde Bauarbeiter im Blaumann vor unverhofft entdeckten Schätzen. Ganze Lager unversehrter Amphoren eröffnen neues Forschungsterrain über die rege Handelstätigkeit der antiken Bewohner.

Des Weiteren ist die Metro ganz im Gegensatz zu den sonstigen öffentlichen Athener Verkehrsmitteln picobello sauber: als würden sich die Athener verwandeln, sobald die Rolltreppe sie in unterirdische Schächte hinunterbringt. Rauchen, Trinken und der Verzehr jeglicher Speisen ist strengstens verboten, und die Gebote werden peinlichst befolgt von genau denselben Menschen, die an der Erdoberfläche unter dem griechischen Himmel keine Regeln schätzen. Verkehrte Welt: keine Schmierereien, nirgendwo aufgeschlitzte Sitze, keine Graffiti, keine Dudelei. Hier bestimmt nicht der persönliche Geschmack des Busfahrers die Musikauswahl, die voll aufgedreht den ganzen Bus unterhält. Stattdessen wird man von dezenten Musikklängen empfangen, glitzern die Verkleidungen aus griechischem Marmor und italienischem Granit, wedelt das stets emsige Reinigungspersonal im Kampf gegen das geringste Staubkorn. In der Nähe von Denkmälern sind die Gleise mit einem Schallschutz ausgestattet, weswegen die Athener Metro auch besonders leise ist. Sie ist so leise, dass ihre oben so hitzigen Benutzer sogar zu gedämpftem Umgang miteinander angeregt werden. Die Temperatur ist angenehm geregelt, es gibt Ansagen aus dem Lautsprecher, jeweils zweisprachig, griechisch und englisch. Während in den Bussen die Ellbogenmentalität vorherrscht und nicht nur Mütter mit Kinderwagen häufig verzweifelt angesichts hoffnungslos überfüllter Fahrzeuge wieder kehrtmachen, wagen sich in die Metro sogar Rollstuhlfahrer. Und noch eines trägt zum Wohlbefinden bei: In der Metro herrscht Platz! Während an der Erdoberfläche nach wie vor jeder freie Zentimeter zubetoniert wird, gibt sich die Metro großzügig und modern. Über ganze acht Meter Breite verfügen die Fußgängerkorridore im Durchschnitt (oben sind es im Athener Zentrum gerade mal anderthalb Meter), chices Design paart sich mit edlem Material. Als einziges Verkehrsmittel in Griechenland fördert sie ein Künstlerprogramm und gibt zeitgenössischen griechischen Bildhauern, Malern und Videokünstlern einen Raum für Kunst im Kontext.

All dies mag angesichts einer modernen verkehrstechnischen Konstruktion noch nicht wirklich erstaunen. Als im Jahr 1900 die Metrolinie eins in Paris eröffnet wurde, war man von Rolltreppen und Aufzügen noch weit entfernt, und so blieb es bis heute: Mit Ausnahme der jüngsten Linie vierzehn ist die Pariser Métro kinderwagen-, gepäck- und rollstuhlfeindlich. Die Athener Metro ist zurzeit die fortschrittlichste in Europa. Aber ihre größte Errungenschaft ist soziologischer Natur. Denn zu den täglichen sechshundertfünfzigtausend Nutzern der Metrolinien zwei und drei zählen wir auch jene selbst- und klassenbewussten Athenerinnen aus den »besseren« Vierteln, für die die Nutzung öffentlicher Verkehrsmittel bis ins Jahr 2000 jenseits ihrer Vorstellungen lag. Die Metro ist cool, sie ist mittlerweile fester Bestandteil des Athener Lifestyles, besonders, seit sie direkt ins kulinarisch und kulturell attraktive Ausgehmekka Kerameikos führt, und dies seit April 2008 an Freitagen und Samstagen endlich auch bis zwei Uhr nachts. Für die Rückfahrt nimmt man die erste Bahn kurz nach fünf in der Früh.

Natürlich ist sie nicht perfekt. Ihr größtes Manko: Man muss sie auch erreichen können. Und hier hapert es. Es fehlt an Parkplätzen rund um die Stationen und an Busshuttles. Doch das betrifft die Welt von oben, und die ist bekanntlich eine andere.

Vom Auswanderungs- zum Einwanderungsland

Multikulti in Athen

Was für ein Elend, verdammt noch mal. Man muss sich mal vorstellen, wie viele tausend Kilometer der arme Kerl zurückgelegt hat … Dreitausend? Fünftausend? Nur, um in Athen Souflaki zu servieren.
PETROS MARKARIS, Balkan Blues

Mohammed ist siebenundzwanzig Jahre jung, schlank und groß gewachsen. Seine feingliedrigen Hände tauchen den Pinsel in die Farbe. Während er die Innenwände des neu errichteten Mietshauses zartgelb streicht, summt er ein Lied aus seiner Heimat Assuan. Heute ist ein besonderer Tag im Leben von Mohammed, denn in den letzten fünf Jahren hat er so viel Geld zusammengespart, dass er sein Hochzeitsversprechen einlösen und eine eigene Familie gründen kann. Für seine Arbeitskollegen, einen Pole, einen Albaner, zwei Griechen und einen Bulgaren sowie seinen griechischen Chef Christos hat er deshalb heute geschmortes Hühnchen an Kardamom mitgebracht. Mohammed hat Glück gehabt. Er ist in einem guten Team gelandet. Der Chef sorgt stets für gute Stimmung, legt Wert auf exzellente Zusammenarbeit, zahlt anständig und unterstützt ihn bei seinen Behördengängen. Mohammed hat eine auf zwei Jahre befristete Aufenthaltserlaubnis in Athen, die er regelmäßig erneuert. Dass die griechische Ausländerbehörde für die Ausstellung der Papiere jedes Mal ein geschlagenes Jahr braucht, er den Eintrag im Pass also erst ein Jahr nach Antragstellung und genau ein Jahr vor der nächsten Antragstellung erhält, kümmert ihn wenig. Zu Hause, am Nil, lacht er, würde alles noch langsamer gehen. Sein bescheidener Lebensstil hat den Sparstrumpf gefüllt, ohne dass er sich abrackern musste, denn auf den Athener Kleinbaustellen mitten im dicht bebauten Wohngebiet wird im Allgemeinen von 7.30 bis 14.30 Uhr gearbeitet, anschließend besteht die Nachbarschaft auf Einhaltung der Mittagspause bis 17 Uhr, und danach schlägt man sich allenfalls noch mit Gelegenheitsjobs durch. Seine ausgesprochen leise Arbeit als Maler hat ihm den ein oder anderen Zusatzverdienst um die Mittagszeit eingebracht. Als Zwanzigjähriger hatte Mohammed in schwindelerregender Höhe auf den Baustellen von Dubai herumgeturnt. Geschuftet wurde dort rund um die Uhr, Schichtarbeit im Akkord, in der Mittagshitze bei fünfzig Grad im Schatten wie nachts im grellen Licht der Scheinwerfer. Das Leben: arbeiten, essen, schlafen, arbeiten, essen, schlafen im Arbeitslager Nummer 598.653, alles spielte sich auf der Baustelle oder im Container ab. Zu dritt schliefen sie dort auf fünf Quadratmetern, Bad und Küche teilte er sich mit hundert anderen, meist Indern, weshalb es auch fast nur indisches Essen gab. Im 54. Stockwerk eines spitzen, verglasten Wolkenkratzers fiel der sorgfältig arbeitende

Mann einem griechischen Ingenieur positiv auf, der ihn nach Athen mitnahm. Beide Seiten sollten es nicht bereuen. Ja, Mohammed hat Glück gehabt. Aufgrund der engen Beziehungen zwischen Griechenland und Ägypten genießen Ägypter einen guten Ruf in der griechischen Gesellschaft. Die ersten unter ihnen sind mit den aus Alexandria stammenden Griechen nach deren Vertreibung durch Nasser ins Land gekommen. Diese ältere Generation hat sich häufig selbständig gemacht als Stoffhändler, die jüngere arbeitet in der weiterhin florierenden Baubranche.

Auch zu anderen afrikanischen Ländern unterhält Griechenland besonders enge bilaterale Kontakte. Im Sudan bilden die Griechen – Unternehmer und Archäologen – bis heute die größte Gruppe der ausländischen Expats. Umgekehrt hat Griechenland seit den sechziger Jahren viele Sudanesen mittels Regierungsstipendien an seinen Ingenieurshochschulen ausgebildet, die bis heute als Verbindungsglieder eine einflussreiche Rolle für die bilateralen Beziehungen spielen. Ähnliches gilt für eine ganze Generation von Äthiopiern und Nigerianern, die Neugriechisch büffelte, um ein Vollstudium in Hellas absolvieren zu können oder als Facharbeiter in der Schiffsbranche tätig zu werden. Doch inzwischen lässt sich die nigerianische und äthiopische Mittel- und Oberschicht lieber in Mitteleuropa und Nordamerika ausbilden, während nach Griechenland immer mehr Arbeitsmigranten strömen. Rund zwanzigtausend Nigerianer verdingen sich Schätzungen zufolge als Verkäufer von CD-Raubkopien, Sonnenbrillen mit nachgeahmtem Dior-Schriftzug und Handtaschenimitaten auf den Athener Straßen, geschätzt von den griechischen Hausfrauen, gejagt von einer meist nachgiebigen Polizei.

In weniger als dreißig Jahren ist Griechenland vom Auswanderungs- zum Einwanderungsland mutiert, von einer rural-bäuerlichen zur Dienstleistungsgesellschaft. Das ist überall sichtbar, auf dem Land, wo ohne den ausländischen Tagelöhner keine saftigen Tomaten, keine Erdbeeren und keine Orangen angebaut würden, ebenso wie in den Städten, in der Gastronomie, auf den Gemüsemärkten, dem Bau, in den Fabriken. Im Großraum Athen-Piräus ist mittlerweile jeder elfte Einwohner ein Ausländer, im eigentlichen Stadtbezirk Athen liegt der Ausländeranteil sogar bei zweiundzwanzig Prozent, Tendenz steigend. Täglich geht der Pendlerstrom in unterschiedliche Richtungen: Die Reichen wohnen an der Küste und im Norden und arbeiten in den Büros im Zentrum, die Armen wohnen im Zentrum und arbeiten in den Wohnungen und den Grundstücken der Reichen. Mit einer gezielten Einwanderungspolitik tut man sich trotz des hohen Migrantenanteils schwer. Die Bürokratie ist schwerfällig, das Personal in den Behörden nicht qualifiziert und häufig unfreundlich. Politische Korrektheit ist unbekannt, verbale Diskriminierungen sind an der Tagesordnung.

Seit dem Zusammenbruch des Ostblocks sind circa eine Million Menschen nach Griechenland geströmt, vorwiegend in den Großraum Athen, das sind zehn Prozent der gesamten griechischen Bevölkerung. Die Albaner stellen mit dreiundsechzig Prozent die größte Gruppe und sind zum großen Teil assimiliert. Nicht wenige von ihnen haben sich griechisch-orthodox taufen lassen und damit einen christlichen Namen angenommen und sie sprechen ausgezeichnet Griechisch. Ihr Arbeitsethos ist verblüffend, das gilt besonders für die in Griechenland aufgewachsene zweite Generation. Das bedeutet nicht, dass sie in der griechischen Gesellschaft akzeptiert werden. Man begegnet ihnen mit Furcht, Hochmut, hin und wieder mit Respekt und sehr selten mit Neugier. In den öffentlichen griechischen Schulen glänzen die *alvanakia*, die kleinen Albanerkinder, nicht selten mit hervorragenden Leistungen und sorgen so regelmäßig für kleine Medienspektakel, wenn es um die Ehre geht, als Klassenbeste am Nationalfeiertag die griechische Flagge tragen zu dürfen. Unproblematisch ist die Integration der etwa zwanzigtausend Armenier, die mit den Griechen die Existenz einer weltweiten Diaspora, die Erfahrung eines von der Türkei gebeutelten Volkes und den orthodoxen Glauben teilen. So viel kulturelle Gemeinsamkeit verbindet. Auch zu Bulgaren, Serben und Moldawiern besteht ein historisch gewachsenes Vertrauen. Während die Männer in den Fabriken und als Handwerker ausreichend Arbeit finden, sind ihre Frauen nachgefragte Haushaltshilfen und Kindermädchen. Die Preisspanne für ein Kindermädchenwunder, das putzt und kocht, den Hund Gassi führt, die Einkäufe vom Wochenmarkt schleppt und zwei verwöhnte griechische Blagen großzieht, liegt zwischen sechs- und zwölfhundert Euro, je nach Anzahl der Arbeitsstunden, der möglicherweise noch zu zahlenden Versicherungsbeiträge – und der Nationalität, wobei die als besonders diskret geltenden Philippininnen seit Jahren auf den obersten Plätzen rangieren. Die Chinesen haben sich im Kerameikos-Viertel breitgemacht, die Produkte ihrer Billigläden finden reißenden Absatz bei der griechischen Kundschaft. Migranten tragen 2,5 Prozent zum nationalen Bruttosozialprodukt bei. Zehn Prozent von ihnen haben mittlerweile Immobilien erworben. Mit der Zeit machen sich immer mehr von ihnen selbständig und tragen damit nachhaltig zur Erweiterung des kulinarischen Angebots in Athen bei. Gab es vor zwanzig Jahren allenfalls ein paar französische und italienische Restaurants, so kann man heute in Athen gut ukrainisch, äthiopisch und libanesisch essen gehen, auch wenn man dort nur wenige Griechen sehen wird. Allerfeinste Wurstwaren, süß-sauer eingelegte Gurken sowie Quark – alles Mangelware in den griechischen Supermärkten – beziehe ich vom »Bohemian Market« in meinem Viertel, den eine Tschechin und eine Polin gemeinsam betreiben. Die Kundschaft, die das malzige dunkle Bier der Marke Baltica ebenso wie eingelegten Matjes schätzt, kommt ebenfalls aus Osteuropa. Wer nicht für seine Landsleute arbeiten möchte, sondern auf Massenkundschaft setzt, macht eine *Souflaki*-Bude in der Nähe der Endstation der Elektrischen am Hafen von Piräus auf, nicht nur an diesem Standort ist das eine Garantie für ein blühendes Geschäft.

Ist Griechenland ein Einwanderungsparadies? Die Probleme sind dieselben wie anderswo: Es ist die Angst vor Kriminalität, die Angst vor dem Fremden, die Furcht vor Veränderung. Das Großprojekt eines Moscheebaus in Eleonas im Westen der Stadt, der ersten Moschee in Athen seit der osmanischen Besetzung, stößt nach wie vor auf zahlreiche Gegner seitens der Anwohner, der Bau verzögert sich. Bislang ist Athen die einzige Hauptstadt in der Europäischen Union ohne Gebetsraum für die geschätzten zweihunderttausend Muslime in der Stadt. Vom griechischen Staat ist nicht viel zu erwarten: kaum mehr als magere achtzehn Euro Kindergeld im Monat und keine Sozialhilfe. Die Leistungen der staatlichen Sozialversicherungen liegen weit unter dem EU-Durchschnitt. Die meisten illegalen Ankömmlinge, die an den griechischen Küsten oder über die türkische Grenze am Evros landen, von Schlepperbanden ins Land geschleust, und in Massen am Tor zum Westen in Patras auf eine Gelegenheit zur Weiterfahrt nach Italien warten, betrachten Griechenland denn auch als Transitland. Die geografische Lage des Landes zwingt viele widerwillig zum Bleiben. Doch wer Arbeitsmoral hat, kann sich im privaten Bereich gut durchschlagen. Marine Voskanian aus Armenien ist seit acht Jahren in Athen, acht Jahre, in denen sie Alte gepflegt, Babys gefüttert, Häuser geschrubbt und eben auch eine *Souflaki*-Bude betrieben hat. Ihr Mann hat sich in der Branche einen guten Ruf als gelernter Schreiner aufgebaut. Noch hat sie keinen einzigen Tag pausiert. Vor drei Jahren haben sich die Voskanians eine Achtzig-Quadratmeter-Wohnung gekauft und stottern in den nächsten fünfundzwanzig Jahren den Kredit ab. Ihre beiden Kinder haben griechische Schulen besucht und kennen Armenien nur aus dem Fernsehen.

Nur etwa die Hälfte der Nicht-EU-Ausländer verfügt über legale Papiere. Weitere dreißig Prozent resignieren angesichts horrender Gebühren und eines beispiellosen Kompetenzgerangels unter den zuständigen Behörden und Ministerien. So ist die Korruption an der Tagesordnung. Rechtsanwälte und Verwaltungsangestellte verdienen sich eine goldene Nase am Unvermögen des Staates und dem Behördenlabyrinth. Die Gebühr für die Niederlassungserlaubnis ist höher als das mittlere Monatsgehalt eines Griechen (neunhundert Euro, zum Vergleich: In Deutschland kostet sie fünfundachtzig Euro). Auch der Staatsrat, das höchste Verwaltungsgericht, hat die Verhältnismäßigkeit dieser Summe in Frage gestellt. In den ersten sieben Monaten des Jahres 2008 wurden 181.483 Aufenthaltsgenehmigungen erteilt, bei 208.208 Anträgen ist das Verfahren noch anhängig. Das kleine Griechenland hat im Jahr 2007 mehr Asylanträge abgelehnt als beispielsweise Großbritannien, so etwas spricht sich schnell herum. Selbst wer über legale Papiere verfügt, sieht sich ständig mit kostspieligen Schikanen konfrontiert. So sind Reisen in die Heimatländer nur zu bestimmten

Zeiten im Sommer erlaubt. Mohammed hat sich längst damit arrangiert. Im Vergleich zu Dubai sei das hier ein Traumarbeitsplatz, meint er. *Siga siga*, langsam langsam, diesen Ausspruch habe er von seinen griechischen Kollegen gelernt und diese Einstellung entspreche durchaus seiner ägyptischen Seele.

Pame gia kafé

Ein Kaffee passt immer

En un éclair … un café de tonnerre!
Werbung des Nestlé-Konzerns für Nescafé

Pame gia kafé, gehen wir einen Kaffee trinken, bedeutet dem Athener mehr, als eine Pause einzulegen. Es gehört zum Alltag dazu, ist sein Lebenselixier, sein Savoir-vivre. Der Kellner hat exklusiv für den Kaffeetrinker sogar einen eigenen Wunsch parat: *kali apolavsi,* gutes Genießen. Für den Römer, der in Sekunden seinen Achtzig-Cent-Espresso an einer Bar im Stehen hinunterkippt, haben die Athener nur verständnisloses Kopfschütteln übrig. Ein Kaffee ist zum Genießen da, und zum Genießen braucht man Zeit. Viel Zeit. Im Durchschnitt, so hat eine Umfrage ergeben, werden für jeden im Café getrunkenen Kaffee dreiundneunzig Minuten aufgewandt, das entspricht einer durchschnittlichen Spielfilmlänge. Keine Gelegenheit bleibt ungenutzt, eine Kaffeepause einzulegen. Und der Gelegenheiten sind viele. Wo immer es möglich ist, wird die Arbeit ins Café verlegt. Der Rechtsanwalt trifft seinen Mandanten vorzugsweise im Café, der Journalist seinen Gesprächspartner, der Student seinesgleichen. Geschäftsabschlüsse und Romane sind Kaffeehauserzeugnisse. Als mein

Büro im letzten Jahr einem Brand im Foyer des Goethe-Instituts Athen zum Opfer fiel, haben wir unsere Sprechstunde zeitweise im gegenüberliegenden Café Joke abgehalten, und für die Besucher war das ganz normal. Dabei scheinen zwei Devisen zu gelten:

Erstens, je größer das Café, desto schwieriger ist es, einen Platz zu ergattern, Intimität sucht der Grieche woanders und Gemütlichkeit kennt er nicht. Die traditionellen *kafeneia* mit ihren wackeligen Holzstühlen, in denen sich die Rentner schon morgens zum *Tavli*-Spielen treffen (auch um ihren Ehefrauen zu entkommen), gibt es fast nur noch in der *geitonia*, den Wohnvierteln. In manchen dieser *kafeneia* ist der griechische Mokka noch für einen unschlagbaren Euro zu haben, und schon das Preisindiz macht es zu einem Relikt aus alten Zeiten. *Kafeneia* sind nach wie vor Männerdomänen, sie wirken im Allgemeinen wenig einladend mit ihren kargen, schäbigen Möbeln und der grellen Neonbeleuchtung. Im Folgenden soll jedoch die Rede von den modernen Kaffeehäusern sein, die in Athen wie die Pilze aus dem Boden schießen, egal ob amerikanischer oder griechischer Provenienz. Ihre Innenarchitektur wurde von Designern konzipiert, ihr augenscheinlichstes Merkmal sind bequeme Lounge-Sofas, vorzugsweise Zweisitzer. Im Exarchia-Viertel oder an der Café-Meile in der Adrianou haben sich die Designer auch mal bewusst für eine Cafeteria im Retrostil entschieden: Holzstühle in bunten Farben vor einer hübschen Steinwand sind das gefundene Postkartenmotiv für den

Touristen. So richtig in sind aber die Lounge-Cafés im Kolonaki-Viertel oder an der Strandpromenade von Alimos bis Vouliagmeni. Letztere haben den gar nicht zu unterschätzenden Vorteil, dass man mit dem Auto bis fast ins Café fahren kann. Zwei-, dreihundert Plätze in einem Athener Café sind keine Seltenheit, und fast immer sind sie von morgens bis spätabends belegt. Sind diese Kaffeehäuser, in denen tagaus, tagein die selbst ernannten Philosophen, Yuppies, Anarchisten, Konsumenten und Freundinnen unermüdlich rauchen und diskutieren, die rechtmäßigen Nachfolger der antiken Agora, ein Ort des Dialogs, der Debatte, des Streitgesprächs und des ewigen Meinungsaustauschs? Denn das Café ist auch Kneipe, Pub, und kaum eines schließt vor Mitternacht, erst danach wird es von der Bar oder einem Club abgelöst. Bis Mitternacht ist also Kaffeezeit. Alkohol wird nur zum Essen, das heißt in Tavernen getrunken, daran halten sich übrigens auch Jugendliche.

Zweitens, je teurer der Kaffee, desto voller das Café. Der neueste Ort to be ist das Café d'Athènes im Art-déco-Stil beim Attika-Warenhaus an der viel befahrenen Panepistimiou-Straße. 2007 wurde es eingeweiht. Eine Tasse einfachen Filterkaffees (der in Griechenland *gallikos*, französisch, heißt) kostet hier stolze 5,50 Euro, aber was ist das schon bei einem vierseitigen Kaffeeangebot, dessen Krönung »Le Café d'Athènes Frappé« ist: eine Köstlichkeit aus Espresso, Schokoladensorbet, Rosenlikör und Schlagsahne, garniert mit ein paar Körnchen Granatapfel, die ihre 8,50 Euro durchaus wert ist, immer vorausgesetzt, man nimmt sich dafür Zeit. Die grau-beige gestreiften Sessel sind schon etwas abgewetzt, aber bequem; es ist laut, und vor den offenen Türen tobt der Verkehr. Hier ist ein magischer Platz für die Athener, ein Platz zum Sehen und Gesehen werden. Hier werden die Einkaufstüten der internationalen Haute Couture zur Schau gestellt, das neueste lässige Sonnenbrillenmodell, ausnahmsweise keine Gucci-Imitation, die chice Handtasche, und im Sommer natürlich viel Haut und kühn lackierte Fußnägel. Das Café d'Athènes ist Nachfolger des legendären Zonar's, nur teurer, aber nicht elitärer. Denn Kaffeetrinken ist kein Statussymbol, im Gegenteil, es ist die demokratischste Form des Ausgehens. Für schlappe sechs Euro mischt man sich unter die beautiful people, ergattert vielleicht sogar einen Blick auf einen skandalumwitterten Filmschauspieler oder eine bekannte Moderatorin, ein Ereignis, von dem man noch Wochen zehren kann. Da sind sechs Euro eine gute Investition, zumal die Kellner keine Anstalten machen, dem Gast ein weiteres Getränk aufzudrängen, sondern bereitwillig Wasser mit so viel Eiswürfeln darin nachschenken, dass man fast Kopfschmerzen bekommt. Was die Preise für eine kleine Tasse Kaffee anbelangt, wird Athen mit durchschnittlich 3,85 Euro (Stand 2008) nur von Moskau (wo man für die Tasse Kaffee im Durchschnitt vier Euro hinblättert) übertroffen. Das Vergnügen des langsamen Kaffeegenusses lassen sich die Athener deshalb noch lange nicht verderben. Im Übrigen können Café- und Restaurantbesuche seit Kurzem von der Steuer abgesetzt werden, das gilt es auszunutzen.

Anderswo, etwa beim Dacapo am Kolonaki-Platz oder in der Valtetsiou-Straße/Ecke Voukourestiou, wo es viele Plätze unter Markisen im Freien gibt, wird der Bürgersteig zum Laufsteg und durchquert nicht selten einen schmalen Streifen im Café selbst. Hier ist das Zentrum des kosmopolitischen Griechenland, stolziert die Dame von Welt vor den Augen der musternden, Kaffee schlürfenden Gesellschaft. Die griechischen Klatschzeitschriften sind voll von solchen Fotos und verbreiten das moderne Bild Athens bis in die Friseursalons der hintersten Winkel der griechischen Provinz. Eine Bekannte aus dem gar nicht provinziellen Thessaloniki meinte einmal, sie verspüre ein regelmäßiges Bedürfnis, nach Athen zu reisen, nur um Glanz und Glamour einer modernen Weltmetropole zu schnuppern. Immer beginnen ihre Besuche in der Hauptstadt mit einem Kaffee am Kolonaki-Platz.

Die alte Aussage, der Grieche benötige am Morgen nicht mehr als einen Kaffee und eine Zigarette, ist immer noch in den meisten Fällen zutreffend. Die Athener haben schon in der Antike nicht gefrühstückt und halten seit Ottomanenzeit an der Sitte fest, sich mit mehreren Kaffees bis zum Mittagslunch oder -snack über Wasser zu halten. Kinder frühstücken erst im Kindergarten, Opa bereitet sich seinen mittel gesüßten Mokka etwas umständlich auf kleiner Gasflamme in einem *briki* zu und tunkt zwei Kekse hinein, die junge Mutter holt sich auf dem Weg zur Arbeit einen coffee to go. Vorbeihastende Menschen mit einem Papierbecher mit Deckel in der Hand, aus dessen Mitte ein Strohhalm ragt, sind ein ganz gewöhnlicher Anblick im Athener Straßenbild. Ketten wie Everest, Coffeeright oder Grigoris haben sich darauf spezialisiert. Aber auch jedes andere beliebige Café oder jede Bar bieten Kaffee zum Mitnehmen und halten für mehrere Personen gleich ein praktisches gefaltetes Tablett aus Karton bereit, mit dessen Hilfe bis zu sechs Becher selbst auf dreizehn Zentimeter hohen Stöckelschuhen auf unsicherem Athener Asphalt umkippsicher transportiert werden können. So muss man auf seinen Kaffee weder im Auto oder am Strand, noch im Bus, noch bei acht Beaufort Windstärke auf dem Schiff verzichten. Der Kaffeebecher in der Hand ist ein alltägliches Unisex-Accessoire geworden. Nur wenige Büros sind mit einer Kaffeemaschine ausgerüstet, man lässt sich den Kaffee bringen oder holt ihn immer häufiger schnell aus der nächstgelegenen Cafeteria. Das papierne Wegwerftablett löst langsam die runden Tabletts aus Aluminium mit hübsch geschwungenem Griff ab, mit denen Halbwüchsige eilig und geschickt Kaffee durch die Straßenzüge Athens balancierten. Kinderarbeit ist längst auch in Griechenland verboten und die Kontrollen sind schärfer geworden.

Griechenland ist Kaffeeland. Natürlich wird hier keiner angebaut, aber er wird in einem Maße konsumiert wie fast nirgendwo auf der Welt. Man verdankt das den Türken, das weiß auch der Grieche zu schätzen. Teetrinken wird weitgehend mit Krankheit gleichgesetzt. Klar, dass der türkische Mokka hier seit der türkischen Invasion auf Zypern *ellinikos*, griechischer Kaffee, heißt (und auf Zypern dementsprechend *kypriakos*). Immerhin hat auch Griechenland seinen eigenen nachhaltigen Beitrag zur Weltkaffeekultur geleistet, indem es vor über einem halben Jahrhundert den *frappé* erfand. Wer die Nase rümpft über kalten Instantkaffee, hat noch nicht das wahre griechische Sommerfeeling erlebt. Für mich beginnt der Athener Sommer in zwei Etappen: die erste, wenn ich keine Strümpfe mehr brauche (das ist meist Ende März), die zweite, wenn die Temperatur im Haus so angestiegen ist, dass der morgendliche Filterkaffee um acht Uhr sofortige Hitzewallungen auslöst. Das ist spätestens Mitte Juni der Fall und ein untrügliches Zeichen, dass der Athener Hochsommer angebrochen ist. Dann ist die Zeit reif für eiskalten *frappé*, und sie hält bis weit in den September an: Ein gehäufter Löffel Instant-Nescafé wird mit ein wenig Wasser und gegebenenfalls Zucker mittels eines elektrischen Handmixers aufgeschäumt. In jedem noch so kleinen Supermarkt findet sich dieses für Griechen essenzielle Gerät, ebenso wie an Tankstellen oder am Kiosk. Natürlich kann man auch einen größeren Saftmixer verwenden oder in einem eigens dafür verwendeten Becher den Kaffee durch heftiges Schütteln auflösen. Dann wird die beige Schaummasse in ein großes Glas gekippt, dazu viele, viele Eiswürfel, mit Milch und Wasser aufgegossen, meine Tochter sucht mir jeden Morgen den ihrer Meinung nach farblich passenden Strohhalm aus der Schublade, und fertig ist das in der Affenhitze einzig erträgliche, erfrischende Kaffeegetränk! In der entkoffeinierten Version ist diese Köstlichkeit bis weit nach Mitternacht zu genießen. Ein Grieche genießt dieses Getränk rund um die Uhr und in allen vier Jahreszeiten.

Dabei ist Instantkaffee nicht gleich Instantkaffee. Am Ende jedes Sommers haben Tausende Auslandsgriechen Kanister von NES, wie der Nescafé im Allgemeinen genannt wird, auf der Reise in ihre neue Heimat im Gepäck. Über zweihundert verschiedene Nescafé-Sorten sind weltweit im Handel und auf den regionalen Geschmack abgestimmt. Der griechische Nescafé Classic hat ein Viertel mehr Koffein als die britische Variante. Der deutsche ist milder im Geschmack. Aber für den *frappé* braucht man natürlich die starke griechische Version.

Einen Kaffee zu bestellen ist eine Wissenschaft für sich. Nicht nur, weil es gilt, zwischen heißem und kaltem Kaffee, zwischen *frappé*, *freddo* (aufgeschäumter kalter Espresso), *freddoccino*, um nur die kalten Variationen aufzulisten, auszuwählen. Wichtiger noch ist die präzise Mengenangabe für Milch und Zucker. Neben den einfachen Abstufungen *glykis* (süß), *metrios* (mittelsüß) und *sketos* (ohne Zucker), die jeder Griechenland-Tourist kennen sollte, gibt es unzählige Nuancen wie leicht, halbsüß, mit viel Milch, mit frischer Milch, kräftig, sehr kräftig. Der griechische Hang zum Individualismus wird eben auch im Kaffee deutlich. Mir wird es immer ein Rätsel bleiben, wie sich Kellner in einem brechend vollen Café mehrere dieser Präzisionsbestellungen ohne Notiz merken können. Mein Favorit ist übrigens *frappé sketos* mit viel frischer Milch.

Der Straßenköter vor dem Parlament

Bastard trifft Schoßhündchen

Der blinde Musikant, der blinde
Losverkäufer,
der blinde Tag, der blinde Hund, die
Nikistraße;
Gitarre, Violine, Akkordeon; am
blindesten die Gitarre.
JANNIS RITSOS, Eine Athener Straße

Eines Frühmorgens im Herbst 2005 tauchte sie auf. Nach einer langen Nacht in Exarchia. Aus dem Nichts. Man hörte sie nicht. Sie folgte dem Paar unauffällig und unendlich leise. Die vielen Spaziergänge auf dem harten Asphalt hatten ihre Nägel wie mit einer Feile geschliffen. Wedelnd lief sie hinter ihnen her, vom Duft der *Gyros-Pita* in der Hand des Mannes unweigerlich angezogen, vorbei an den Bars an der Themistokleous-Straße, deren letzte Kunden gerade schlaftrunken den Heimweg antraten. Bettschwere hatte sich im Viertel breitgemacht. Die Kioskbesitzer und Bäcker hatten ihren Dienst noch nicht begonnen, die Streife war wegen einer Schlägerei zum Omonia-Platz gerufen worden, es war die ruhigste Stunde des Tages. Die junge Frau mit den langen blonden Haaren hielt schließlich an, drehte sich um und sah einen entwaffnenden treuherzigen Hundeblick unter weichen Stirnrunzeln. Die Hündin legte sich auf die Straße, wedelnd, und bot den fremden Menschen ihren weichen rosa Bauch an. Wenige Stunden später hatte sie ein neues Heim, war von der Straße in eine Wohnung gekommen, lag auf einem Teppich, war gebadet, mit Babyshampoo abgeseift und am nächsten Tag geimpft. Der Tierarzt stellte anhand der Markierung fest, dass sie sterilisiert worden war. Das deutete darauf hin, dass sie eine von Hunderten Streunern war, die die Stadt Athen aus Anlass der 28. Olympischen Spiele aufgesammelt und nach erfolgter Sterilisation wieder freigelassen hatte, übrigens eine ziemlich erfolgreiche und sogar von den Tierschützern aus aller Welt, die Griechenland sonst zu Recht kritisch gegenüberstehen, anerkannte Aktion, welche die Zahl der Streuner zumindest im Zentrum deutlich reduzierte. Inzwischen kümmern sich private Initiativen wie www.stray.gr um die Fortsetzung dieser Aktion.

Bulli, zu großem Teil ein schielender American Staffordshire Terrier, wurde wegen akuter Hautallergie mit frisch gekochtem Lamm vom Zentralmarkt und Reis aufgepäppelt, wuchs auf stattliche achtundzwanzig Kilogramm an und machte mit ihrem sehnigen, muskulösen Körper ihrem Namen alle Ehre. Das Paar, das nicht zusammenwohnte, über Nacht zum Hundebesitzer und damit ungewollt zur Autorität geworden war, wurde mit neuen Verhaltensmustern untereinander konfrontiert. Es kam zu hitzigen Diskussionen. Er, ein hochgewachsener und empfindsamer Künstler um die vierzig, ein Ästhet durch und durch, bezeichnete ihren Versuch, das Hundewesen mittels Stachelhalsband auf den Befehl »Fuß!« zu erziehen, als faschistisch, sie, sieben Jahre jünger, praktisch veranlagt und mit beiden Beinen im Leben und der Arbeit stehend, gab zurück, er sei emotional. Der Hund, das Kind: eine weiche Seele, nicht zum Körper passend, von Hautallergien geplagt und verrückt nach Katzen, in den Augen des Künstlers ein Designerhund. Die Katzen waren auch der Grund, weshalb das Tier immer wieder ausriss. Die Katzenjagd konnte Stunden oder auch Tage dauern, umfasste das gesamte Zentrum von Athen, trotzte dem höllischen Verkehr, missachtete Ampeln und Polizisten und endete meist glimpflich. Regelmäßig kehrte Bulli zurück, sei es zu ihm, sei es zu ihr, die doch Kilometer entfernt voneinander wohnten, ausgelaugt, hungrig, voller Kratzer und Schrammen, vielleicht auch mit schlechtem Gewissen, nach Zärtlichkeit und Behaglichkeit trachtend. Beides wurde der Hündin geboten, von ihr wie von ihm. Die Beziehung des Paares ging nach zwei Jahren in die Brüche, die Liebe zum Hund blieb, ja, bisweilen blieb sie der einzige verbindende Faden. Nach drei Jahren kehrte Bulli von einem ihrer Ausrisse nicht mehr zurück. So wie sie aufgetaucht war, ging sie wieder, lautlos, unauffällig. Wurde sie mutwillig vergiftet? Hat sie versehentlich herumliegende Chemikalien geschluckt? Oder lebt sie an anderer Stelle ein anderes Leben? Es ist die Geschichte eines typischen Athener Hundelebens. Das Leben eines Streuners mag kurz und gefährlich sein in der Großstadt, doch seine Freiheit ist grenzenlos.

Es gibt einige Stellen in der Stadt, die sich für Hundestudien besonders eignen. Da sind zum Beispiel die dicken, struppigen, ungepflegten Bastarde gegenüber der großen Bushaltestelle auf der Akademie-Straße. Jeden Morgen werden sie von einem ehemaligen Polizisten, der die Knochen kiloweise durch die Stadt anschleppt, gefüttert. Ihr Halsband weist auf keinen rechtmäßigen Besitzer hin, aber es verleiht ihnen offenbar Besitzanspruch auf die paar Flecken Gras, auf denen sie sommers wie winters den Tag verdösen. Sie sind Gewohnheitstiere, die ihren angestammten Platz freiwillig nicht verlassen. Sie gehören mittlerweile fast zum Inventar der Kapodistrias-Universität, der größten Hochschule des Landes, deren Hauptgebäude sich hier befindet. Jede griechische Universität hat ihre Anarcho-Streuner. Ihre Trägheit legen sie nur bei Studentendemos ab. Dann sieht man sie die Massen anführen. Die Demo, ihr Rudel. Einige Streuner haben durch die Fernsehübertragungen landesweite Bekanntheit erlangt. Seinen festen Platz hat auch der fette Schäferhundmischling, der seit Jahren an der Ampel zwischen Syntagma-Platz und Ermou-Straße, also an einem der lebhaftesten Orte der Stadt, verharrt und offenkundig immun gegenüber Abgasen und Lärm ist. Die Farben der Ampel und ihre Bedeutung kennt er längst, die Straßenseite wechselt er nur selten, er bevorzugt klar die Syntagma-Seite. Die meisten Streuner sind fettleibig, weil sie sich überwiegend von Junkfood ernähren: Käsetaschen, Pommes frites. Dem menschlichen Konsumenten sollte das zu denken geben. Ebenfalls am Syntagma-Platz, gegenüber dem Parlament, befindet sich das Revier von zwei langhaarigen Hündinnen, die ihren trägen Körper ausgerechnet vor dem traditionsreichsten Haus der Stadt, wenn nicht des Landes, dem Hôtel Grande Bretagne, hinfläzen. Sie werden von den befrackten Hotelpagen auch nicht vertrieben, mit denen sie ein herrlich kontrastreiches Bild abgeben. Ob die Gäste des Grande Bretagne Verständnis für so viel Toleranz haben? Fürchtet die Direktion angesichts einer in Zeitungen und Internetartikeln von Touristen so häufig angeprangerten Tierquälerei um ihren Ruf?

Noch nie wurde ich von einem Streuner angegriffen. Meist sind sie süchtig nach ein wenig Zärtlichkeit und dankbar für gutes Zureden und vor allem eine Dose Hundefutter. Sie gehören nach Athen wie die Katzen nach Rom (von denen es auch hier viele gibt: Einer Legende nach wurden sie ausgesetzt, um Ratten zu fangen, und schließlich ließ man Hunde freilaufen, um der Katzenplage Herr zu werden). Ihr Leben ist im Allgemeinen ungleich interessanter als das ihrer in engen Stadtwohnungen gehaltenen Artgenossen. Nenne mir deinen Stadtteil, und ich sage dir, welchen Hund du dir zulegen sollst. Die elegante Dame aus Kolonaki bevorzugt Schoßhündchen wie Chihuahua und Yorkshireterrier als Accessoire in Handtaschengröße. In den wohlhabenderen Vororten nach Norden hin werden die Hunde wie die Wohnungen größer, häufen sich reine Rassen wie Labrador, Golden Retriever, Dobermann und

Husky, die meist genauso langweilig sind wie ihre Besitzer. Gehört ein Husky nach Athen? Auf diese zugegeben rhetorische Frage wurde mir allen Ernstes die dazugehörige, hitzetaugliche Ausrüstung in Form eines per Strom betriebenen Mini-Iglus auf dem Balkon präsentiert. Philippinische Kindermädchen, die auch den Hund Gassi führen, sind ein gewohntes Bild in Psychiko und Filothei, kurz an der Leine, versteht sich, und gerade so häufig wie nötig, sprich, damit das Tier nicht das Canapé verschmutzt. Der griechische Otto Normalverbraucher aber hat kein Faible für Haushunde. Und wo hätten die Hunde auch Auslauf? Wo der Nachbar keine vier Meter entfernt wohnt, schafft man sich mit bellenden und winselnden Hunden auf den Balkonen keine Freunde. Der Gesetzgeber hat vorgesehen, dass in Wohnungen maximal zwei Haustiere gehalten werden dürfen. Hunde werden in Griechenland noch immer als Nutztiere angesehen und sind deswegen vorzugsweise auf dem Land als Schäferhunde oder Wachhunde anzutreffen. Und das ist auch richtig so.

Über Geld spricht man

Ehre und Ansehen

Ich bin ein Geldvermittler aus Athen und hätt' Euch Vögeln ein paar praktische Methoden anzubieten, wie Ihr Euer Geld vermehren könnt!

ARISTOPHANES, Die Vögel

Der Grieche ist bekanntlich ein *zoon politikon*, ein Mensch der Öffentlichkeit. Aristoteles sagt auch, das Staunen stehe am Anfang des Philosophierens. Eine kindliche Neugier. Eine Bekanntschaft beginnt häufig so: Wie heißt du? Woher kommst du? Die Frage bezieht sich auf die ursprüngliche regionale Herkunft, denn nur sehr wenige Athener kommen tatsächlich aus Athen, die meisten sind in den letzten fünfzig Jahren in die Stadt gezogen. Nachdem auch der Familienstand und der Nachwuchs geklärt sind, kommt – für den Fremden zugegeben etwas verblüffend – die Frage nach dem Verdienst. Ganz recht, nicht nach dem Beruf, sondern konkret nach dem Nettogehalt. Nichts bleibt geheim in dieser Gesellschaft, in der die Bruttogehälter der Spitzenpolitiker samt deren Privatvermögen auf dem Bankkonto und deren Besitz von Immobilien in den Zeitungen schwarz auf weiß für jedermann überprüfbar sind. Das gesellschaftliche Ansehen wird nicht etwa nach der Ausbildung oder dem Berufsstand, sondern in Euro gemessen. Wobei sich das eine durchaus mit dem anderen decken kann, aber nicht muss. Kürzlich sah ich an der Pinnwand eines Klassenzimmers im Athener Goethe-Institut eine Schreibübung einer Klasse von Jugendlichen. Die Lehrerin hatte folgende Aufgabe gegeben: »Schreibe, was du später werden willst beziehungsweise was du bestimmt nicht werden willst. Begründe dies!« Die Antworten haben mich nicht verwundert: Achtzig Prozent der Schüler wollten Arzt, Rechtsanwalt beziehungsweise Ingenieur werden, um, wie im nächsten Satz stand, »viel Geld zu verdienen«, hundert Prozent wollten auf keinen Fall in der Landwirtschaft arbeiten. In der deutlichen Sprache des zwölfjährigen Panagiotis heißt das »Auf keinen Fall will ich Bauer werden, weil ich nicht mit den Händen arbeiten will«.

Handwerkliche Arbeit genießt in diesem Staat, der einen deutschen Meisterbrief wegen des mangelnden äquivalenten Ausbildungsangebots nicht anerkennt, ein geringes Sozialprestige. Die Erinnerung an die Generation der Großväter, die noch sechzehn Stunden täglich die Felder bestellte, Ziegen und Schafe molk und das Vieh auf die Weiden trieb, hat bereits die nachfolgende Generation verwischt. »Etwas Besseres« will man dem Nachwuchs angedeihen lassen. Das Schlüsselwort lautet *grammata*, wörtlich Buchstaben, stellvertretend für die höhere Bildung. Das wird schon den griechischen Babys mit einem Gutenachtlied eingetrichtert: *Fengaraki mou lambro, ase me na koimoitho, jia na pao sto scholeio, jia na matho grammata*: »Glänzender Mond, lass mich schlafen, damit ich in die Schule gehe und dort die ›Buchstaben‹ lerne.« Im Lauf der Jahrzehnte wurde die Messlatte immer höher, das Hochschulsystem ausgebaut zulasten der Berufsorientierung. Die Kehrseite des Strebens nach Höherem: Der Bildungssektor ist wenig praxisorientiert ausgerichtet und hat in den letzten zwanzig Jahren jede Menge Akademiker ohne Unterbau produziert, Elektrotechniker, aber keine Elektriker, Mediziner, aber zu wenig Krankenpfleger, Rechtsanwälte, aber keine Sekretärinnen und schon gar keine Rechtsanwaltsfachangestellten. Aufgrund der schlechten Bezahlung gilt mittlerweile sogar die Perspektive des Lehrers, der in den sechziger Jahren noch eine Autorität darstellte, als Ausweichgleis für mittelmäßige Akademiker. Ähnlich verhält es sich mit den Richtern. Die allseits verbreitete Korruption hat den Garanten für Gerechtigkeit infrage gestellt. Wer Geld hat, kann sich sein Recht ohnehin erkaufen, so die landläufige Meinung.

Geld hat man und pecunia non olet, aber man macht sich die Hände nicht mehr schmutzig. Vor allem nutzt man jede Gelegenheit, um den anderen zu beweisen, dass man viel Geld in der Tasche hat – auch wenn das gar nicht der Fall ist. Indem man sich sündhaft teure Autos zulegt, mit denen der Athener gerne bei einem Wochenendausflug im Dorf vorfährt, um die Überlegenheit des Städters zu beweisen. An den Stränden Attikas, wo man sich mit Kind und Kegel, aber eben auch den dazugehörigen philippinischen Kindermädchen ausbreitet. Man ist immer das, als was man erscheint. Von Understatement keine Spur, und Geiz mag anderswo geil sein. Großzügigkeit ist gewiss eine der sympathischsten griechischen Eigenschaften. Freunde streiten sich gerne darum, wer die Rechnung im Restaurant bezahlen darf (getrennte Rechnungen sind undenkbar) und ziehen zum Beweis, dass man es sich leisten kann, aus der Hosentasche ein Bündel Fünfzig-Euro-Scheine. Die männliche ältere Generation verzichtet meist ganz auf das Portemonnaie. Griffbereit liegen die Scheine lose in der Hose, sie wollen ausgegeben werden, der Gedanke, Geld auf die hohe Kante zu legen, ist den meisten völlig fremd. Natürlich bleibt auch nichts übrig, was man in den Sparstrumpf stecken könnte.

Das Leben ist teuer in der Stadt, seit der Euro die älteste Währung Europas, die Drachme, abgelöst hat. In der Antike lieferten die Silberbergwerke von Lavrion im Südosten Attikas die Münzen, die ein Gewicht von 4,36 Gramm hatten. Neben der Drachme gab es den Obolos, der ein Sechstel einer Drachme wert war. Heute taugt ein Euro nicht mehr als Obolus. Aber trotz der Teuerung, die mit dem Euro und der galoppierenden Inflation einherging, sind die Restaurants, Tavernen und Bars brechend voll, und das nicht nur am Wochenende. Die Athener sind eben keine Stubenhocker, Ausgehen ist ihnen ein Grundbedürfnis wie Essen und Trinken, koste es, was es wolle.

Für Panagiotis Papakonstantinou, dreiundsechzig, Briefträger in Rente, heißt richtig ausgehen richtig Geld ausgeben. Geld, das er nicht hat, aber irgendwie zusammenkratzt. Nicht läppische hundert Euro für ein Essen im Restaurant mit der Familie. Richtig ausgehen heißt, sich einen Abend wie Krösus gebärden. Das herrliche Gefühl unermesslichen Reichtums auskosten. Für eine Nacht. Es kann ja an anderer Stelle gespart werden. Zum Beispiel an der Heizung. Die wird im Wohnblock, wo Herr Papakonstantinou mit seiner Frau bescheiden lebt, zentral eingestellt, zwei Stunden in der Früh, zwei Stunden zur Mittagszeit, zwei Stunden am Abend. Richtig warm wird es in der feuchten Athener Winterzeit so nie. Aber das ist Herrn Papakonstantinou egal. Er hält sich ohnehin nicht viel drinnen auf, morgens geht er ins *kafenion*, mittags schläft er unter viel zu schweren Decken, die schon zur Aussteuer seiner Mutter gehörten, am Abend dreht er mit seiner Frau eine Runde oder sitzt vor einem kleinen, wenig ergiebigen, elektrisch betriebenen Öfchen vor dem Fernseher. Lieber monatelang in der Wohnung frieren als auf einen Abend in den *bouzoukia* verzichten. Für Herrn Papakonstantinou ist das der Höhepunkt des Jahres.

Die *bouzoukia*, rauchgeschwängerte Musiklokale mit Höllenlärm, sind der ideale Ort, um Geldscheine bündelweise auszugeben. Ein Ort der Ekstase. Wo man Whisky flaschenweise bestellt und die billigste Flasche hundertzwanzig Euro kostet. Wo man zum Zeichen der Ehrerbietung die Sängerin mit Blüten bewirft. Natürlich bringt man die Blumen nicht mit, sondern kauft sie allseits präsenten Blumenverkäuferinnen ab, die Körbchen bereithalten. Ein kleines Körbchen mit rosa, weißen und roten Blüten kostet fünfzig Euro. Doch mit einem einzigen Körbchen ist es nicht getan. Die Musik berauscht, lässt den Alltag vergessen, entrückt den Städter in eine andere Welt, die Worte berühren seine Seele. Die Sängerin singt vom Tod, von der verlorenen Liebe, von der Sehnsucht zur Heimat. Sie singt sich in die Herzen ihrer Gäste. Herr Papakonstantinou singt mit, nicht leise, sondern lautstark, in Gedanken ist er bei seiner viel zu früh verstorbenen Mutter, bei Stella, einem schönen Mädchen, in das er sich vor fünfundvierzig Jahren verliebt hatte, und bei den rauschenden Wäldern seines epirotischen Heimatdorfes Vitsa. Er hat eine gute, feste Stimme, steht auf, hebt die Arme, schnalzt mit den Fingern und tanzt, in sich versunken, konzentriert. Es ist ein Dialog, ein stilles Einverständnis zwischen ihm und der Sängerin. Alles klatscht, wieder ein Körbchen. Vier werden es an diesem Abend sein, zweihundert Euro plus zweihundertvierzig Euro für den Whisky, plus achtzig für die Eintrittskarten. Fünfhundertzwanzig Euro, ausgegeben an diesem einzigen, einmaligen *Bouzoukia*-Abend, die Grundrente von Panagiotis Papakonstantinou. Ein unvergessliches Erlebnis. Herrlich.

Während der Überfluss für Herrn Papakonstantinou Ausdruck der absoluten Unabhängigkeit ist, wird er anderswo schnell zur Protzerei: Geschenke zur Hochzeit oder zur Taufe sind fast immer Geldgeschenke, und die Höhe der Summe ein untrügliches Indiz für das gesellschaftliche Ansehen. Die Kontonummer steht praktischerweise gar nicht klein gedruckt gleich auf der Einladung. Eine gern genutzte Alternative sind Hochzeits- oder Tauflisten. In diesem Fall ist der Einladung eine Visitenkarte eines Geschäfts beigefügt. Dort gibt es allerdings keinen individuell zusammengestellten Geschenktisch, sondern eine profane Kasse, an der ein Geldschein mit Namen und Adresse des Schenkers abgegeben wird, was im Grunde dasselbe ist wie die Angabe des Kontos. Fünfzig Euro sind als Beleidigung einzustufen, zweihundert Euro angemessen, *pentakossia,* fünfhundert Euro, richtig großzügig. Gewiss wird die Familie des Beschenkten eine Gelegenheit finden, sich zu revanchieren, so kalkuliert der schlaue Schenker. Im schlechtesten Fall geht die Rechnung plus / minus null auf und derselbe Betrag zuzüglich eines kleinen Inflationsbonus wird bei der Gegeneinladung wieder zurücküberwiesen.

Dass der Grieche kein Pfennigfuchser ist, wird auch beim Einkauf im Supermarkt deutlich. Restgeld von Ein- und Zwei-Cent-Münzen werden an der Kasse gar nicht erst zurückgegeben, und es würde Befremden erregen, diese einzufordern. Umgekehrt wird auch zugunsten des Kunden abgerundet. Viele Supermärkte verzichten praktischerweise ganz auf Ein- und Zwei-Cent-Münzen.

In der weltweiten Mercer-Studie der Lebenshaltungskosten in Großstädten nimmt Athen im Jahr 2008 Rang fünfundzwanzig ein. Die Studie wertet jährlich die Daten von nahezu hundert Großstädten, verteilt über alle Kontinente, aus und vergleicht die Preise für über zweihundert Produkte und Dienstleistungen, darunter zum Beispiel Miete, öffentliche Verkehrsmittel, Schulgebühren sowie Haushaltswaren, Lebensmittel, Kleidung und Freizeitangebote. Zum Vergleich: Als erste deutsche Stadt rangiert München auf Rang siebenunddreißig. Die Nachricht füllt einige Wochen lang die Zeitungen, am Konsumverhalten ändert sich nichts. Absurditäten, etwa dass der griechische *feta* in seiner Heimat teurer verkauft wird als in manchem deutschen Supermarkt, werden in den griechischen Medien zwar breitgetreten, aber dies bewirkt wenig. Boykottaufrufe des griechischen Verbraucherschutzes verfehlen ihre Wirkung. Es scheint, als ob der griechische Konsument jeden Preis zu zahlen bereit ist, ja, geradezu mit überhöhten Ausgaben prahlt. Sind das die Komplexe einer sich rasant verändernden Gesellschaft, deren Großväter auf dem Acker schufteten und deren Eltern tausendfach emigrierten, um in nordamerikanischen und deutschen Fabriken im Akkord zu arbeiten? Empfindet die junge Generation die hohen Preise als untrügliches und positiv zu wertendes Indiz, endlich das Stigma einer Agrargesellschaft überwunden zu haben, um in der Modernität angekommen zu sein? Und inwiefern tragen auch die Eltern zu dieser Einstellung bei, indem sie gebetsmühlenartig wiederholen, ihren Sprösslingen solle es besser gehen? Und wie funktioniert das Überleben in der Stadt angesichts der nach Portugal niedrigsten Gehälter eines westlichen EU-

Mitgliedsstaates? Achtzehntausendneunhundert Euro verdienen die Griechen im Durchschnitt pro Jahr, der EU-Mittelwert liegt bei achtundzwanzigtausendsechshundert Euro.

Zum einen: Die junge Generation lebt bequem und dabei erstaunlich sorglos auf Pump. Die Hälfte der in Athen zugelassenen Pkws gehört den Banken. Ein glänzend polierter Neuwagen ist natürlich chicer als die mühsam ersparte Rostbeule der Eltern aus den Achtzigern, und es steht auch nicht darauf geschrieben, dass die Bank den Schlitten finanziert hat. Während anderswo in Europa auf der grünen Wiese Outletcenter entstehen, investiert die Luxusbranche in Kifisia und auf der Voukourestiou-Straße: Oscar de la Renta, Diane von Fürstenberg, Prada und Dior sind entzückt über das Konsumverhalten der modebewussten Griechin. Luxuriöse Shoppingmalls schießen wie Pilze aus dem Boden. Über fünfundsiebzig Prozent der Griechen sind mehrfache Immobilienbesitzer, ein Rekord in Europa. Miete wird grundsätzlich als Provisorium empfunden, gerade mal akzeptabel für Studierende (die im Allgemeinen deutlich besser als ihre deutschen Kommilitonen wohnen) und Ausländer (die die lange leer gestandenen Souterrain-Wohnungen bevölkern). Lust auf einen Kurzurlaub auf Mykonos, aber kein Geld im Portemonnaie? Kein Problem, die Banken geben bereitwillig und kurzfristig Kleinkredite für das verlängerte Wochenende. Ratenzahlungen sind üblich, ob beim Kauf von Schuhen, Kühlschränken oder Computern. So stottert der Athener jeden

Monat Kleckerbeträge für seine Neuanschaffungen ab: zwanzig Euro für den Kühlschrank amerikanischen Ausmaßes, weitere zwanzig Euro für den wireless Laptop, hundertzwanzig Euro für die neueste Familienkutsche von Peugeot, zehn Euro für das in der Modezeitschrift entdeckte Paar Schuhe. Dem Käufer entstünde bei Barzahlung kein Preisvorteil, weshalb also so viel Geld auf einmal verprassen? Die Kehrseite der Medaille sind ständige Zwangsversteigerungen von Autos und Wohnungen.

Zum anderen: Die Eurostat-Statistik der Gehaltsstufe bezieht sich nur auf den offiziell deklarierten Hauptjob. Um in Athen gut zu leben, benötigt man jedoch mehrere Jobs, und den einen darf man sich durch den anderen nicht verderben. Natürlich wird der Zweit- oder Drittjob schwarz ausgeführt, an der Steuer vorbeizuarbeiten ist Volkssport. Ein typisches Beispiel: Der im Staatsdienst angestellte Lehrer sollte tunlichst nicht so gut unterrichten, dass seine Schüler keinen Nachhilfeunterricht mehr brauchen. Und weil nur dieser Lehrer die Defizite seiner Pappenheimer wirklich kennt, ist es folgerichtig, dass eben dieser Lehrer am Nachmittag oder am Abend Privatunterricht an dieselben Schüler erteilt. Selbstverständlich ist der Abendjob lukrativer als der morgendliche, zudem kommt der Lehrer erst im Laufe des Tages richtig in Schwung. All diese Faktoren bewirken, dass der privat engagierte Lehrer motivierter ist als der in Staatsdiensten stehende und dementsprechend auch besser unterrichtet, auch wenn es sich um ein und dieselbe Person handelt. Dieses System ist allen Beteiligten so einleuchtend, dass Zweifel daran erst gar nicht aufkommen. Ähnlich verhält es sich mit den für die gesetzliche Kranken- und Sozialversicherungsgesellschaft arbeitenden Ärzten. In den ersten Stunden des Tages fertigen sie vor den gesetzlichen IKA-Krankenversicherungsanstalten in einem riesigen Tohuwabohu ganze Heerscharen von verzweifelten Patienten ab und werben während dieser Tätigkeit unbehelligt für die eigene Praxis, in welcher derselbe Patient einen zuvorkommenden Service genießt, das heißt lange Warteschlangen umgeht und der vollen Aufmerksamkeit seines Arztes teilhaftig wird. Wozu, mag man fragen, dient dann überhaupt die Anstellung im Staatsdienst, wenn das Salär und die Struktur so schlecht sind? Der Staat fungiert in erster Linie als Garant für (zumindest ein einziges Mal nachgewiesene) Qualifikation: Gewisse Abschlusszeugnisse sind Einstellungsvoraussetzung. Die Anstellung in einer staatlichen Schule verleiht dem Lehrer quasi ein Label, mit dem man sich dann auf Kundenfang begibt. Sodann sind mit der Anstellung im Staatsdienst unzählige Vorteile verbunden: abgesehen von vierzehn Monatsgehältern und Rentenansprüchen vor allem auch die Möglichkeit für Verwaltungsangestellte, Pädagogen und Richter zur Versetzung ins Ausland (bei dreifachen Bezügen) oder zum zweijährigen Sabbatical (bei fortlaufenden Bezügen) zwecks Weiterbildung. Die Arbeitszeiten im öffentlichen Dienst sind überschaubar, praktischerweise sind

Mittagspausen erst gar nicht vorgesehen, was dem Arbeitnehmer eine erfreuliche Zeitersparnis für den Hauptjob und einen Zeitgewinn für den Nebenjob beschert. Langeweile kommt so erst gar nicht auf.

Zum Frühstück ein frisches Ei aus Thrakien

Die Provinz versorgt Athen

Chaque coup de fourchette semblait une louange à Dieu, un hymne à la terre grecque qui produit une si douce huile d'olive, un vin si parfumé et donne à la chair de l'agneau ce goût de caramel au four onctueux et fondant.

MICHEL DÉON, Le Balcon de Spetsai

Ende November im urbanen Niemandsland zwischen Peristeri und der Iera Odos, der Heiligen Straße, die einst das Heiligtum von Eleusis mit Athen verband, auf der Kifisos-Straße. Einzig der Name erinnert an den Fluss, der von Norden kommend nach Phaleron fließt und dort in den Saronischen Golf mündet. Der antike Geograf Strabo weiß zu berichten: »Zu den Flüssen Attikas zählt der Kephissos, der im Gebiet von Trinemeia beginnt und sich durch die Ebene zieht, … er fließt durch die beiden Mauerschenkel, die sich von der Stadt nach Piräus hinabziehen und mündet in die Bucht von Phaleron. Meist ist er wie ein Bach, im Sommer aber schwindet er völlig.« Die beiden erwähnten Mauerschenkel beziehen sich auf die Langen Mauern, die Athen mit Piräus verbanden, bevor sie die Spartaner 404 vor Christus und später die Römer schleiften. Der Kephissos wurde in der Antike intensiv zur Bewässerung der Felder genutzt. In dieser fruchtbaren Ebene Athens wuchsen Ölbäume und die berühmten attischen Feigen. Noch in den achtziger Jahren spielten Kinder am Bach des Kephissos. Heutzutage ist er über eine Strecke von neun Kilometern mit einer Schnellstraße überbaut, der Nationalstraße Nummer eins Thessaloniki–Athen–Patras, Abschnitt Kifisos. Jeder in Athen kennt diesen Streckenabschnitt. Denn hier liegt der größere der beiden zentralen Busbahnhöfe des Landes.

Fünf Uhr in der Früh. Noch verdeckt die Dunkelheit die urbane Hässlichkeit. Die Autofahrt geht vorbei an halb verfallenen Industrieanlagen, Tankstellen, Lagerhallen, Autowracks und Reifenhändlern. An einer Straßenecke wärmt sich eine Romafamilie unter einer Plane und einem selbst gebastelten Ofen. Streunende Hunde suchen nach Essbarem um die Mülltonnen. Es riecht nach Benzin, Fleischresten, gerösteten Kastanien und Gummi. Der Busbahnhof liegt mittendrin, ohne Anbindung an das Eisenbahn- oder Metronetz. Lediglich ein paar Buslinien verbinden umständlich das Zentrum mit dem zentralen Überland-Busbahnhof. Die Taxifahrer-Lobby hält das Monopol des Weitertransports. Zwanzigtausend Passagiere werden hier täglich abgefertigt, vor allem Leute aus der Provinz. Im Sommer gesellen sich auch ein paar verloren wirkende, abenteuerlustige Touristen dazu. Die ungewohnt groß ausfallende Schalterhalle besteht aus vielen kleinen gläsernen Tickethäuschen, für jede Region ein eigenes, und alle sind ab den frühen Morgenstunden besetzt. Der Marmorboden ist zigmal geflickt und mit Chlor abgerieben. Tauben schwirren durch die Halle und sitzen fest auf den Dachbalken. Ein Restaurant mit echten Stofftischdecken bietet als Spezialität Kuttelsuppe mit Eisbein an, ein Vorgeschmack auf die Provinz. An einer Wand hängt eine Schwarz-Weiß-Fotografie des Eiffelturms und kündet von der großen weiten Welt. Überall flimmert der Bildschirm und aufgetakelte Fernsehmoderatorinnen schnattern mit ihren Interviewpartnern, die in kleinen Fensterchen gleichzeitig eingeblendet werden, um die Wette. In den Souvenirläden häuft sich chinesische Billigware in schreiendem Pink aus Plastik.

Anna ist mit ihrem Citroën direkt in die Ankunftshalle der großen Überlandbusse gefahren. Das ist eigentlich verboten, aber der Angestellte im engen Tickethäuschen für die Verbindungen nach Evros im Nordosten und die ionische Insel Lefkada im Westen drückt ein Auge zu. Erstens, weil er jungen, blonden, auch um diese Uhrzeit bereits perfekt gestylten Frauen keinen Wunsch abschlagen kann, zweitens weil Anna zur Stammkundschaft gehört. Anna wartet auf den Bus aus Orestiada, der letzten griechischen Stadt im Nordosten Thrakiens. Orestiada liege dort, wo der Reißnagel die Landkarte Griechenlands durchsticht, am alleräußersten Zipfel, lacht Anna. Evros ist ihre Heimat, und rund um das Dorf Asimenio, sieben Kilometer vom Evros-Fluss entfernt, der die griechisch-türkische Grenze bildet, besitzen Annas Eltern sechzig Hektar Land. Fruchtbares Land, auf dem in erster

Linie Linsen, Mais und Sonnenblumen und vereinzelt Baumwolle, Tomaten und Knoblauch gedeihen. Aus dem Weizen stellt Annas Mutter Nudeln und *trachana* her, sonnengedörrte, mit gesalzener Schafsauermilch verquollene Weizenkörner, die, gemischt mit getrockneter Tomate und Sesam, eine schmackhafte Suppe abgeben. Früher war das ein Armenessen, womit sich die Bauern über den Winter gerettet haben.

Der Bus fährt pünktlich um halb sechs am Busbahnhof von Athen ein, nach dreizehn Stunden Fahrt, über tausend Kilometer hat er zurückgelegt und fünf Regionen durchquert. Jeden Tag ist das so. Aus ihm purzeln ein paar angehende Mediziner aus der Demokrit-Universität in Alexandroupolis / Thrakien, die über das Wochenende zu ihren Eltern nach Athen fahren, eine Handvoll Soldaten, die im Grenzgebiet des Evros ihren Wehrdienst ableisten, ein Pope und das Volk vom Land, zu Besuch bei den Kindern und Enkelkindern in der Großstadt. Letztere schleppen kistenweise Proviant für den Nachwuchs heran. Anna erwartet keinen Besuch, sie erwartet ein Paket von der Größe eines Fernsehers. Das hat ihre Mutter in Orestiada am Vortag abgeschickt mit allerfrischester Bioware: dreißig sorgfältig und einzeln in Zeitungspapier eingewickelte Eier von glücklichen Evros-Hühnern, fünf Kilogramm selbst hergestellten cremigen Ziegenkäse, eine Riesentüte grüne Linsen, frische Würste, selbst gemachten Kräuterlikör und drei frisch geschlachtete Hühner. Ihr Fleisch ist zäh und rosa, es sind Sporthühner, die den ganzen Tag über den Hof rennen, muskulöses Federvieh mit Auslauf. Die Lücken im Paket sind vollgestopft mit Knoblauch, Kartoffeln und Paprika. Wegen der Hühner ist Anna so früh aufgestanden, eines wird sie heute noch zubereiten, die beiden anderen landen sofort in der extragroßen Tiefkühltruhe. Täglich werden solche Pakete von besorgten Müttern aus der Provinz nach Athen geschickt. Alljährliche Hochsaison ist im März, wenn für die Osterfeierlichkeiten ganze Ziegen und Schafe vom Land am Kifisos-Busbahnhof für all jene Kinder eintreffen, die es nicht schaffen, die Ostertage im Dorf zu verbringen, entweder weil der Urlaub zu kurz ausfällt oder weil die lange Reise mit dem Auto wegen des frischgeborenen Nachwuchses nicht zumutbar ist.

Auch der Hafen von Piräus dient als privater Umschlagplatz der Athener für Lebensmittel aus ihrer Heimat. Stelios bezieht aus seinem Bergdorf in Kreta Honig, Käse und vor allem das eigene Olivenöl. Jedes Jahr im September, wenn der Sommer sich dem Ende zuneigt, lädt er das Auto bis unters Dach voll: vier Wagenräder Graviera-Käse, zehn Kilogramm Thymian-Honig, dreißig Liter Öl aus der Tsounati-Olive, Sultana-Trauben, frische Feigen, den schweren Marouvas-Rotwein, den der Kreter eisgekühlt im Sommer genießt, und natürlich Raki. Er versorgt damit drei Kinder und deren Familien. Wenn der Vorrat zur Neige geht, bestellt er direkt beim Produzenten nach und holt die Ware vom ankommenden Passagierschiff aus Chania ab, zur selben Zeit, zu der sich Anna zum

Busbahnhof aufmacht. Im Jahr kommt er auf weitere sechzig Kilo Honig und dreihundert Liter Öl. Niemals würde er auf die Idee kommen, in einem der auf Kreta-Delikatessen spezialisierten Athener Geschäfte einzukaufen. Der Bezug von Lebensmitteln ist Vertrauenssache, darum prüft Stelios beim Einkauf auf dem Markt kritisch jede Gurke, wählt sorgfältig die einzelne Zwiebel aus. Er macht es dem Markthändler nicht leicht, nimmt nicht, was dieser ihm gibt, sondern kauft mit dem Auge, der Nase und der Hand. Kein Händler auf den einhundertachtzig Märkten in den verschiedenen Vierteln Athens würde sich anmaßen, die Ware für den Kunden selbst einzupacken. Doch trotz der Fülle, die Athens Märkte an Obst und Gemüse bereithalten erreicht die Reinheit der Substanz, die aromatische Güte der Ware niemals die erlesene Qualität der dörflichen Produkte. Darum heißt das gemeine Weißbrot auch *choriatiki*, von *chorio*, Dorf, ebenso wie der typische griechische Salat, der Bauernsalat, *choriatiki*, ein Dorfsalat ist.

Die Provinz versorgt die Stadt. Die Überlandbusse, die täglich in die letzten Winkel des gebirgigen Landes fahren, und die Schiffe sind die Verbindung zur Heimat. Und alles Gute kommt von dort, auch wenn auf dem Land keiner mehr leben will. Die Heimat, das Dorf, das ist das alte Griechenland, das sich nicht verändert. Das Dorf, in dem man, so weit man zurückdenken kann, die Ferien verbracht hat. Lange, lange Ferien, drei endlose Sommermonate lang, wenn die Athener Schulen geschlossen bleiben, in denen nicht viel passiert. Jeden Sommer, ab Mitte Juni, beginnt die Kinderlandverschickung in die weit entfernten Heimatdörfer zu oder mit den Großeltern, Ende Juli ziehen die Eltern nach. Auf dem Dorf ist die Hitze erträglich und manchmal ist der Strand nicht weit. Im August leert sich die Stadt und viele Geschäfte bleiben geschlossen.

Den Athener verbindet eine Art Hassliebe mit seinem Dorf, und fast jeder hat eines. Das Dorf ist der Inbegriff der Rückständigkeit, Athen der Inbegriff des Fortschritts. Diese Sicht der Dinge teilt der Städter übrigens mit dem Dorfbewohner. So weit, so gut. Doch der Athener schimpft in Athen täglich auf Athen, er hat auch allen Grund dazu: Die Straßen sind nicht begehbar, die Luft ist verdreckt, es ist eng, das Leben ist teuer. In Athen sehnt sich der Athener nach seinem Dorf, es berührt ihn und lässt ihn, je älter er wird, von seiner Kindheit träumen. Er freut sich über jede Gelegenheit, die sich ihm bietet, in die Heimat zu fahren. Außer in den Ferien ist das zum Beispiel bei Parlaments- und Kommunalwahlen der Fall. Gewählt wird nämlich meistens im Heimatdorf. Eine Verwaltungsvorschrift des Innenministeriums schenkt, je nach Entfernung zum Heimatort, jedem Wähler bis zu drei Tage Arbeitsbefreiung, bei Stichwahlen lohnt sich die Reise besonders. Wahlen auf dem Dorf werden wie Feste der Lokalheiligen begangen. Doch sobald das Ergebnis feststeht und wieder Ruhe einkehrt, ist es wenig interessant, dass die Landluft nach würzigem Thymian riecht, Schafsherden statt Autos die Straßen bevölkern, der Mensch viel Raum und genügsam ein bukolisches Leben genießt. In der Idylle sehnt sich der Athener nach dem Lärm der Großstadt, der Unruhe und Hektik und kehrt gerne an seinen Arbeitsplatz zurück.

Es gibt auch in Athen Orte, die an das Dorfleben erinnern. Die Touristen lieben solche Orte, aber nicht immer sind sie authentisch. Ein Ort, der sich im Lauf der Jahrzehnte kaum verändert hat, ist die Taverne Philippou. Mitten im geschäftigen Kolonaki-Viertel trotzt sie beharrlich jeder Neuerung. Derselbe Kellner bedient dort seit über dreißig Jahren. Anstatt sich auf die Speisekarte zu verlassen, begibt man sich – wie zu Hause bei Mama – an die Theke und lässt den Koch die Deckel lupfen, um in die Töpfe zu schauen. Es ist auch durchaus üblich, sich zum Kühlschrank führen zu lassen und auf dieses Filetstück oder jene Brasse zu deuten, die man sich auf dem Grill oder in der Pfanne zubereitet wünscht. Oder das gediegen-vornehme Dekaefta (17) auf der Lykavittou-Straße, ein Restaurant für die feine Gesellschaft und für Arbeitsessen. Mitten im Zentrum erklingen hier zum Osterfest nordgriechische Klarinettentöne, und der charmante Besitzer, Herr Fotis aus Konitsa, schenkt seiner mit echten und falschen Juwelen behangenen eleganten Damenkundschaft damit ein wenig Dorfidylle.

Die Sehnsucht des Atheners nach seinem Dorf kommt letztlich auch in der einfach-rustikalen Ausstattung der meisten Tavernen zum Ausdruck. Ob in den *mezedopoleia*, der griechischen Variante der

Tapas-Bar, den *psistaries*, den riesigen Holzkohlengrillrestaurants am Rand der Großstadt, oder den *psarotavernes*, den Fischrestaurants: Überall sitzt man auf den einfachen Holzstühlen, das Weinlaub rankt sich im kleinen Innenhof und allenfalls ein paar Fässer oder eine Steinmauer dienen als karge Dekoration. So manch ein Kritiker wirft der griechischen Küche Mangel an Fantasie und Finesse vor. Doch warum ein Produkt verändern, wenn die griechische Sonne seinen Geschmack bereits potenziert hat? Tatsächlich ist die Zubereitung fast immer einfach-bäuerlich, rein in der Substanz und grundehrlich im Geschmack. Die Tomate schmeckt noch unverfälscht nach Tomate, die Zwiebel nach Zwiebel. Und am allerbesten munden die Tomaten aus dem Evros, meint Anna, während Stelios davon überzeugt ist, dass nichts an die knallroten Tomaten Kretas herankomme.

Traumarbeitsplatz Athen

Zu Besuch bei den ausländischen archäologischen Instituten

Die würdigste Verherrlichung des Winckelmanntages war die Eröffnung eines Sitzes der von ihm gegründeten Wissenschaft an der Stätte, wo die Kunst, die sie zu erforschen strebt, am herrlichsten geblüht hat.
Aus dem Gründungsbericht der Zweigstelle des Deutschen Archäologischen Instituts Berlin in Athen am 9. Dezember 1874

Die Directrice des Etudes sitzt an einem riesigen Billardtisch, der mit einer Glasplatte belegt ist. Wo sich heute Akten und Publikationen häufen, tafelten einst die Mitglieder der École Française zu Athen, einer elitären Gemeinschaft junger Gelehrter der Archäologie, die ihrer Institution ein Leben lang die Treue halten. Heute ist der Tisch zu klein für die Mitglieder, die sich stattdessen bei glamourösen Stehempfängen im Park der École versammeln. Aus dem Halbrund der riesigen Fensterfront des ehemaligen Speisesaales fällt der Blick hinaus auf Palmen, Pinien und Zypressen in einer der schönsten Gartenanlagen Athens. Wer auf den kiesbedeckten Wegen zwischen Kopien antiker Stelen, Brunnenfiguren und à la française gestutzten Hecken am Fuß des

Lykabettos wandelt, verlässt das laute, hupende Stadtzentrum hinter den hohen Mauern und ist in einer anderen Welt angekommen. An einer Stele im Ehrenhof vor dem holzvertäfelten Lesesaal der berühmten, neunzigtausend Bände umfassenden Fachbibliothek ist der Beschluss vom 11. September 1846 eingraviert: Durch ein königliches Dekret des französischen Bürgerkönigs Louis Philippe und Ottos I., König von Griechenland, wurde die École Française d'Athènes errichtet. Dies geschah »in Anerkennung des antiken Griechenland und in Freundschaft zum modernen Griechenland«. Es handelt sich um die erste französische Forschungsinstitution im Ausland und die allererste fremde archäologische Institution in Griechenland überhaupt, die sich seit den neunziger Jahren des 20. Jahrhunderts auch der Erforschung des modernen Griechenland widmet, eine Öffnung, die einer kleinen Revolution in der zunächst ganz auf die Antike, später auch auf Byzanz orientierten Forschungseinrichtung gleichkam.

Véronique Chankowski, Professorin der Archäologie der Universität Lille III, sitzt für die vier Jahre ihres Mandats als Leiterin für archäologische Studien des französischen archäologischen Instituts zu Athen auf einem der prestigeträchtigsten Posten der französischen Archäologie. Sie wohnt mit ihrer Familie auf dem Gelände der École, ihre zwei kleinen Töchter spielen unter Palmen und bis zu ihrem schönen Büro, dessen Einrichtung die Geschichte des Gebäudes widerspiegelt, sind es nur wenige Schritte. Dieser Privilegien sei sie sich durchaus bewusst, auch wenn ihr die Arbeit über den Kopf wachse. Zu viel Verwaltung und zu wenig Forschung, lacht die attraktive Französin, aber das eine sei mit dem anderen verbunden. Wie könne sie die Anträge von Kollegen beurteilen, ohne selbst in der Forschung tätig zu sein? Madame Chankowski wacht mit Leib und Seele über die Grabungen, die die Franzosen heute mit Mitteln des französischen Erziehungs- und Forschungsministeriums durchführen. Seit den siebziger Jahren des 19. Jahrhunderts graben die Franzosen in Griechenland. Zu den bekanntesten Grabungsorten zählen Delphi, Philippi, das kretische Malia, Argos und Delos.

Heute existieren siebzehn ausländische archäologische Institutionen in Griechenland mit Sitz in Athen, deutlich mehr als beispielsweise in Rom. Zu ihnen gehören die Institutionen der ersten Stunde wie das französische, deutsche, österreichische, amerikanische, italienische und britische archäologische Institut ebenso wie die nach dem Zweiten Weltkrieg gegründeten Institutionen Schwedens, Kanadas, Australiens, Belgiens, Hollands, Norwegens, Finnlands, Irlands, Dänemarks und der Schweiz. Man kennt und schätzt einander, tauscht sich bei internationalen Tagungen aus und besucht wechselseitig und regelmäßig Vortragsveranstaltungen. Verkehrssprache der Wissenschaftler untereinander ist Griechisch. Die jüngste Institution ist das 1997 gegründete Georgische Institut Athens, das zugleich die erste kulturelle Einrichtung Georgiens im Ausland überhaupt darstellt.

Szenenwechsel von den Franzosen zu den Georgiern. Der Direktor, Dr. Avtandil Mikaberidze, bestellt mich nicht in die achtzig Quadratmeter große Wohnung mit Leseraum, aus der das Georgische Archäologische Institut besteht, sondern ins Kaukasus-Zentrum. Beides betreibt er als eine Art Nichtregierungsorganisation, im Wesentlichen von ihm selbst finanziert, die Immobilien sind sein Eigentum. Im Kaukasus-Zentrum würde ich einen besseren Eindruck von seiner Tätigkeit gewinnen, meint er. Die Gegend um den Ägypten-Platz weist die höchste Ausländerrate Athens auf. Wo vor vierzig Jahren noch die gediegene Athener Bourgeoisie wohnte, haben Pakistani, Russen, Albaner, Bulgaren und Afghanen eine neue Heimat gefunden. Nach dem Zusammenbruch der Sowjetunion sind auch viele Griechen aus der Schwarzmeerregion ins Mutterland zurückgekehrt, manche nach Jahrhunderten in der Diaspora. Das griechische Außenministerium schätzt die Zahl der Georgier in Griechenland auf rund hunderttausend, jene griechischen Ursprungs mitgerechnet. Die Beziehungen zwischen Hellas und der Kaukasus-Region umfassen stolze fünfunddreißig Jahrhunderte und reichen ins Neolithikum und die Bronzezeit zurück. Bekanntlich segelte Iason mit den Argonauten bis nach Kolchis, um das Goldene Vlies zu entführen, also ans andere Ende des Schwarzen Meeres, ins heutige Kolhida in Westgeorgien. Heute ist die Orthodoxie ein wichtiges Bindeglied. So nutzt die georgische Gemeinde die größte Kirche Athens, Agios Panteleimonas in der Acharnon-

Straße, und es wundert nicht, dass rund um die Kirche georgische Geschäfte und eben auch das Kaukasus-Zentrum entstanden.

Ein kleines Schild an der Patission Nummer 81 verweist auf das Kulturinstitut im ersten Stock eines hässlichen Athener Nachkriegsgebäudes. Der Weg dahin führt durch ein Spa-Center und ist offenbar nur Eingeweihten bekannt. Als ich eintrete, werde ich freundlich begrüßt und ins Büro des Direktors geleitet. Dieser weist gerade einen jungen wissbegierigen georgischen Musiker in die Internet-Recherche ein. Eine Dreiviertelstunde lang erläutert der Direktor die georgische Wikipediaseite über Mozart, verweist auf Links, vermittelt Kontakte. Schnell wird klar: Herr Dr. Mikaberidze, der in Jena Gräzistik studiert hat, Professor an der Universität Tiflis wurde und seit etwa fünfzehn Jahren in Athen lebt, ist die gute Seele des Hauses, der geistige Botschafter seines Landes. Der einzige Leiter eines Athener Archäologischen Instituts ohne Grabungslizenz. Der Leiter eines Kulturzentrums, in dem sich die meist ehrenamtlich tätigen Mitarbeiter den Erhalt der georgischen Kultur auf die Fahnen geschrieben haben. Nino putzt tagsüber bei griechischen Familien, am Abend gibt die ausgebildete Pianistin jungen Georgiern, die sich anderswo den Privatunterricht nicht leisten können, Klavier- und Gesangsstunden. Die vierjährige Sofia hat gerade im großen Raum Ballettschritte einstudiert, jetzt begleitet sie Nino am Klavier. Im Nebenzimmer hat Herr Mikaberidze Computer aufgestellt, und ein junger georgischer

Freak gibt seinen Landsleuten Einführungen in die EDV. Das Kaukasus-Zentrum bietet Englisch- und Griechischkurse, Aerobic, Ballettstunden, Tanz- und Musikunterricht und zur Geselligkeit eine Bar, in der georgischer Hauswein ausgeschenkt wird. Verbreitung erhalten die Veranstaltungen beispielsweise über CDs und DVDs, die das Georgische Institut herausgibt. Jeden Sonntag bieten georgische Ärzte ihren Landsleuten kostenlose Konsultation und Medikamente an. Das jüngste Projekt ist ein Stipendium für einen zehnjährigen Jungen, dessen musikalisches Talent Herrn Mikaberidze aufgefallen war, der ihn zur Ausbildung in die Heimat schickte. Das Kaukasus-Zentrum ist mehr als nur Anlaufstelle der georgischen Gemeinde Athens, es ist das Herz Georgiens in der Fremde. Unterstützung erhält das Zentrum im Wesentlichen durch Spenden und Einnahmen aus den Kursen, den Löwenanteil finanziert der Direktor selbst. Die Kollegen der sechzehn Athener Institute staunen über den Ein-Mann-Betrieb.

So auch Professor Niemeier, erster Direktor des Deutschen Archäologischen Instituts (DAI) zu Athen, den ich in der von den Erben Heinrich Schliemanns dem Deutschen Reich verkauften Villa in der Phidiou-Straße im Zentrum Athens antreffe. Angesichts des immer mehr ausufernden Berichtswesens und des hohen Verwaltungsanteils bleibe viel zu wenig Zeit, um sich mit den Kollegen auszutauschen, klagt er im Gespräch. Seine eigene Forschung werde er auch bei Eintritt ins Rentenalter nicht abgeschlossen haben, weswegen er in seiner wissenschaftlichen Heimat Athen bleiben wolle. Der charismatische Professor ist seit seiner Abiturfahrt, die ihn nach Griechenland führte, ein begeisterter Philhellene. Die Abifahrt 1965 zu den klassischen Stätten in Hellas, erzählt er begeistert, sei damals ein Event gewesen, denn eigentlich fuhr man damals zur Berliner Mauer. Zur Vorbereitung gehörte sogar ein Neugriechisch-Sprachkurs, unterstützt wurde das Projekt nicht nur vom Altgriechischlehrer, sondern auch von seinem Mathematiklehrer. Seitdem hat ihn Hellas nicht mehr losgelassen. Einen Traumarbeitsplatz habe er nun. Athen, das sei das Zentrum der griechischen Archäologie. Nirgendwo finde der Dialog mit den griechischen und ausländischen Kollegen auf so hohem Niveau statt. Dabei war sein Amtsantritt geradezu dramatisch: Als er am 1. September 2001 seine Stelle, von Milet her kommend, antrat, überraschte ihn eine Klage des Arbeitskreises Distomo, dessen Rechtsanwalt mit der Zwangsversteigerung des Deutschen Archäologischen Instituts achtzehn Tage später drohte. Hintergrund: Der Arbeitskreis Distomo ist eine Interessensvertretung für die Opfer jenes grausamen Massakers, das die Waffen-SS 1944 in der gleichnamigen Ortschaft in Mittelgriechenland anrichtete. Die Hinterbliebenen hofften dadurch, Entschädigungsansprüche durch Enteignung von Vermögenswerten des deutschen Staates in Griechenland durchzusetzen. So wurde das Deutsche Archäologische Institut, wie schon zuvor das Athener Goethe-Institut, beides die einzigen Liegenschaften der Bundesrepublik Deutschland in Griechenland, verriegelt und zur Bestandsaufnahme vorbereitet. Professor Niemeier und sein Institut befanden sich im Belagerungszustand: Von Sonnenaufgang bis Sonnenuntergang hätte schließlich der Gerichtsvollzieher kommen können. Der neue Direktor verließ seinen neuen Arbeitsplatz nicht mehr, das Essen wurde währenddessen von draußen geliefert, und Niemeier verhandelte mit dem deutschen Botschafter Kuhna über die Rettung der wertvollen Bibliothek und des Fotomagazins. Zur Pfändung ist es nicht gekommen, im weiteren Verfahren wurde die Klage, die bis vor den Europäischen Gerichtshof getragen wurde, abgewiesen. Dieser entschied erst im Februar 2007, dass die Bundesrepublik gemäß geltendem Völkerrecht nicht von Opfern von Wehrmachtsmassakern verklagt werden könne, weil sie staatliche Immunität genieße. Für das Deutsche Archäologische Institut in Athen, das 1874 die erste Grabungslizenz vom griechischen Staat für Olympia übertragen bekommen hatte, standen eine unangefochtene Reputation und einige der wichtigsten Grabungen Griechenlands wie das mykenische Tiryns, das Heiligtum von Samos und der Kerameikos, der größte Friedhof des antiken Athen, auf dem Spiel. Dass in Ermangelung anderen Vermögens der Bundesrepublik Deutschland in Griechenland gerade eine deutsche Institution, die sich in besonderem Maße der Erforschung Griechenlands widmet, geopfert werden sollte, hat auch viele Sympathisanten des juristischen Streits betrübt.

Es war auch nicht das erste Mal, dass das Deutsche Archäologische Institut zum Spielball der Politik wurde: Schon nach dem Ersten Weltkrieg bestand die Gefahr, dass es dauerhaft als Reparationsgut eingezogen würde. Der damalige Direktor der Archäologischen Abteilung im griechischen Kulturministerium, Kourouniotis, antwortete auf eine Anfrage Wilhelm Dörpfelds, des Ersten Sekretars (sic!), wie die Direktoren des DAI damals noch hießen, dass die griechische Regierung das deutsche und das österreichische Institutsgebäude sowie das Haus Dörpfelds auf Levkas in Anerkennung der Bedeutung dieser Einrichtungen und in Würdigung der Person Dörpfelds entschädigungslos zurückzugeben gedenke. Bleibt zu hoffen, dass die archäologischen Institute Athens von den Wirren der Politik verschont bleiben und sich ihre Wissenschaftler, in der Mehrzahl Archäologen, Historiker, Philologen und Bauforscher und allesamt Philhellenen, ihrer eigentlichen Aufgabe, der Erforschung des antiken Griechenland, weiterhin hingebungsvoll und voller Sympathie für ihr Gastland widmen können.